창업은 처음이지?
초보사장의 세금 노하우

김정철 저

PROLOGUE

세금 몰라서 당황하기, 그래도 알아야 살아남기

2000년도 한창 인터넷 열풍이 불고 있을 때였습니다. 그때 대학 졸업 준비를 하면서 여러 신문을 보다 눈에 띄는 기사가 있었는데 인터넷 도메인 주소 경매였습니다. 인터넷 도메인 주소를 먼저 차지하면 큰돈을 벌 수 있다는 것이었습니다. 그 당시 'korea.com'은 경매에서 55억 원에 낙찰되던 시절이었습니다.

　인터넷에 관심이 있던 때라 대중 강연을 동영상으로 모아서 인터넷에 서비스해보자. 그러기 위해서 인터넷주소를 먼저 확보해 놓자. 황당하지만 그런 생각으로 방법을 알아보니 사업자등록을 해야 가능하다고 했습니다. 사업자등록을 어떻게 하지 고민하다 무작정 세무서를 찾아갔습니다. MindTV.com를 꿈꾸며 상호는 'MINDTV'로 작성하고 인터넷 동영상서비스 사업을 한다고 민원실 담당자에게 얘기했습니다. 담당자는 한참을 고민하다 '업태 : 서비스, 업종 : 통신컨설팅'으로 사업자등록을 해줬습니다. 그때 받아든 사업자등록증이 참 뿌듯했던 기억이 납니다.

　그 이후로 취업을 하고 사업자등록증은 책장 구석에 박혀 있다 어느새 사라졌습니다. 세무사가 되고 사장님을 처음 만나면 사업자등록증을 냈던 그때의 일이 생각납니다.

　세무사 업무를 하다 보니 사업을 시작하는 분들이 좀 더 쉽게 세금을 아는 방법이 뭐가 있을까 고민했습니다. 인터넷으로 쉽게 세금 신고를 할 수 있다고 하는데 갈수록 세법은 어려워지고 있습니다. 사업에 필요한 세무 지식은 공부하기가 어렵습니다. '사업만 잘하면 되지'하고 일에만 열중하다 나중에 세금 납부서를 받아보고 놀라는 경우가 많습니다. 아무리 세무사에게 맡겨 놓는다고 해도 정작 세금을 줄이기 위해서는 사장님의 관심과 노력이 필요합니다.

전문가는 바다로 떠나는 배의 망원경과 나침판은 될 수 있지만 바람을 이끄는 돛대와 거친 파도를 헤쳐갈 노는 사장님이 잡고 움직여야 합니다. 회계와 세금도 관심 있게 공부하고 미리 준비해야 절세를 할 수 있습니다.

특히 처음 사업을 시작할 때는 더욱 스스로 해야 합니다. 부가가치세 신고와 소득세 신고를 혼자 해야 한다면 처음에는 힘들 수 있겠죠. 하지만 더 큰 회사를 만들겠다는 각오로 차근차근 세금을 알아가야 합니다.

책 본문에 있는 세무 지식을 습득한다면 최소 몇십만 원에서 최대 몇천만 원까지 절세할 수 있습니다. 아는 사람에게는 법이 한없이 너그럽지만, 모르는 사람에게는 벌처럼 느껴집니다. 세법도 마찬가집니다. 아는 만큼 세금도 줄이고 세무조사 걱정도 덜게 됩니다. 이 책이 힘들게 시작한 사업을 성공의 문으로 들어가게 하는 좋은 길잡이가 되었으면 합니다.

책이 나오기까지 한 장 한 장 꼼꼼히 읽어준 사무실 직원들, 교정을 도와 준 이정만님 그리고 사랑하는 아내에게 감사의 마음을 전합니다.

BOOK 사용법

「창업은 처음이지? 초보사장의 세금노하우」을 활용하는 방법을 소개합니다. 초보사장님이 이해하기 쉽게 풀어쓰다보니 상세한 내용까지 담지 못했습니다. 좀더 구체적인 내용을 알 수 있도록 네이버 블로그에 여러 세금 주제를 포스팅했습니다. 추가로 궁금한 내용은 블로그에서 검색하고 댓글로 질문주시면 성심껏 답변해 드리겠습니다.

김정철세무사 블로그

네이버 검색창에 '성공을 도와주는 세무사무소'로 검색하기 ▶ 블로그에서 관련 주제를 검색하고 댓글로 질문하기

N 김정철 세무사 블로그

김정철세무사 TV 유튜브

유튜브에서도 궁금한 내용을 댓글로 문의할 수 있습니다.

▶ YouTube 김정철 세무사 TV

이해에 도움이 되는 용어

◆ 매출 : 제품이나 상품을 소비자 등에게 판매하는 것.

◆ 매입 : 판매에 필요한 제품의 원재료 등을 구입하는 것.

◆ 공급대가 : 판매하고 지급받은 금액으로 부가가치세가 포함되어 있는 금액임. 동네 가게에 가서 "이거 얼마예요?" 하면 "5,000원이에요" 할 때 판매금액을 말함.

◆ 공급가액 : 판매하고 지급받은 금액으로 부가가치세가 포함되지 않은 것으로 인테리어 가게에 가서 "공사비 얼마예요?" 하면 "공사비 500만원인데 부가세별도입니다" 할 때 공사비를 말함.

◆ 수입금액 : 사업자가 1년간 벌어들인 모든 금액으로 물품판매업의 경우 총매출금액, 대여로 인한 경우에는 임대료 등을 말함.

◆ 필요경비 : 수입에 대응해서 지출한 비용을 말하는 세무용어.

◆ 소득금액 : 수입금액에서 필요경비를 빼고 남은 금액으로 종합소득세 계산 시 기준이 되는 금액, 일 년간 4,000만원을 판매하고 경비가 3,000만 원 지출되었다면 사업소득금액은 1,000만 원인 경우임.

◆ 매출세액 : 판매가 일어나면 납부해야 하는 부가가치세 금액. 현행 10% 세율임.

◆ 매입세액 : 매입을 할 때 지불했던 부가가치세 10% 금액임.

◆ 과세표준 : 세금을 부과할 때 기준이 되는 금액. 소득세 또는 부가가치세신고 때 세율이 적용되는 금액을 말함.

(부가가치세 신고 시) 매출세액 - 매입세액 = 과세표준금액

(소득세 신고 시) 수입금액- 필요경비 = 과세표준금액

◆ 원천징수 : 사업자가 근로자, 프리랜서의 급여에서 먼저 세금을 떼는 걸 말함.

프롤로그

세금 몰라서 당황하기, 그래도 알아야 살아남기   2
이해에 도움이 되는 용어   6

Part1 쫄지 말고, 창업하리라

1. 사업자등록을 안 하면 벌금이 있나요?   14
2. 집에서 사업자등록증을 낼 수 있을까?   18
3. 사업 개시 전 사업자등록을 미리 하면 좋은 점   24
4. 내가 파는 상품이 과세일까? 면세일까?   28
5. 일반과세자가 유리할까? 간이과세자가 유리할까?   32
6. 제조업도 간이과세자가 가능한가요?   38
7. 개인사업자와 법인사업자 어느 쪽이 유리할까?   42
8. 법인 설립할 때 자본금이 많이 들까요?   46
9. 다른 사람 명의를 빌려서 사업자등록을 해도 될까?   50
10. 동업할 때 주의할 점은?   53
11. 부모에게 창업 자금을 얼마까지 증여받을 수 있나?   57
12. 카페, 식당, 치킨집 인수해서 창업할 때 세금 문제는?   62
13. N잡러가 투잡한다면 세금신고는?   68

Part2 비용을 제대로 처리해야 세금 뒤통수 안 맞는다

1. 세금계산서, 현금영수증, 신용카드 매출전표의 차이는?   74
2. 사업용 신용카드와 사업용 계좌를 꼭 등록해야 되나요?   79

3. 적격증빙이 없어도 경비 인정되는 것들은? 84
4. 직원 급여는 증빙을 어떻게 하면 되나요? 87
5. 부가가치세가 공제되는 것과 안 되는 것은? 91
6. 접대비는 얼마까지 쓸 수 있을까? 96
7. 전자세금계산서는 꼭 발행해야 하나요? 100
8. 해외 출장 가서 사용한 비용은 어떻게 하나요? 104
9. 승용차 구입은 리스, 렌트, 할부 중에 어떤 게 좋을까요? 108
10. 부가가치세 매입세액공제가 되는 차량의 종류가 궁금합니다. 114
11. 가짜 세금계산서는 절대 하면 안 돼요. 118

Part3 인건비 제대로 관리하는 법

1. 인건비 원천징수가 무엇인가요? 124
2. 4대보험도 줄일 수 있다. 128
3. 아르바이트생을 고용했을 때 세금신고는? 133
4. 퇴직금, 퇴직연금은 어떻게 하나요? 138
5. 프리랜서를 고용했을 때 인건비 주의사항은? 144
6. 주휴수당을 꼭 지급해야 하나요? 148

Part4 사업이 덜컹거릴 때 살아남기

1. 세금신고는 언제 해야 하나? 154

2. 대금을 못 받았는데 부가가치세를 냈다면? 159
3. 억울한 세금을 구제받는 방법은? 163
4. 자금 사정이 어려워 납부기한을 연장할 수 있을까? 167
5. 지난해 적자를 다음 해에 소득세에서 혜택받을 수 있을까? 173
6. 부가가치세, 소득세 예정 고지를 받았을 때 177
7. 과세유형이 바뀐다면 어떻게 해야 할까? 181
8. 사업장이 여러 개일 때 편리하게 신고하는 방법은? 189
9. 개인사업자를 법인사업자로 바꾸는 시점은? 194

Part5 이것만 알아도 5천만 원 세금을 줄일 수 있다

1. 소득공제와 세액공제의 차이점은? 200
2. 기장만 해도 세금이 줄어든다. 207
3. 절세의 기본! 노란우산공제와 연금저축 213
4. 성실신고확인대상이 되었을 때 세제혜택은? 218
5. 중소기업으로 창업했다면 세금혜택이 있다. 225
6. 연구소를 만들어서 세금도 줄이고 연구개발도 하자 231
7. 고용을 증대시킨 기업에 대한 세액공제 236

Part6 이제는 해외로 강제진출 브라보 그리고 인터넷

1. 수출하면 부가가치세를 환급받나요? 242

2. 면세품목을 수출하는 경우 부가세를 환급받는 방법은?   246
3. 해외에 콘텐츠 저작권료를 지급할 때 주의 할 사항은?   250
4. 펀딩플랫폼 킥스타터, 인디고고, 와디즈, 텀블벅의 세금신고는?   258
5. 인터넷미디어, 유튜브 사업자 유형은 면세? 과세?   263
6. 유튜버 후원금은 세금을 낼까?   268
7. 구매확인서란 무엇인가요?   273
8. 해외구매대행 vs 무재고 위탁판매 매출금액은?   277
9. 온라인 판매할 때 통신판매업 신고증 받는 방법은?   283

책을 마무리하며 "창업을 할 것인가? 말 것인가?"   288

" 생각만 하지 마라.
성공은 철저한 실천과
현실주의에 있다. "

.
.
.
.

이케아 창업자 앙바르 캄프라드

PART 1
쫄지 말고,
창업하리라

01
사업자등록을 안 하면 벌금이 있나요?

Q 투잡으로 인스타그램에서 의류를 판매 중입니다.
한 달에 50만 원 정도 매출이 있어요.
사업자등록증을 꼭 내야 하나요?

A 네, 사업을 시작하셨다면 사업자등록을 하셔야 합니다.
매출이 적다고 사업자등록을 하지 않고 사업을 하다
과세관청에 걸렸을 경우 각종 가산세가 부과됩니다.

사업자등록증을 내야 하는지

누구나 우연한 기회로 물건을 판매할 때가 있습니다. 곰푸 씨는 캐릭터 그림을 그리기 좋아해서 열쇠 케이스에 그림을 그려 수공예 판매 사이트에 올렸는데 가끔씩 주문이 들어왔습니다. 짬짬이 하던 작업이라 용돈벌이 정도로 생각하고 주말을 이용해서 조금씩 물건을 만들었습니다. 그렇게 한 지 6개월이 지나다 보니 쏠쏠하게 돈벌이가 되었는데 한 가지 고민이 생겼습니다. 이대로 계속 팔아도 될지, 세금 문제는 없는 건지 고민을 하게 된 거죠. 인터넷에서 검색해 보면 사업자를 내라고 하는데 곰푸씨 경우에도 해당이 되는 건지 궁금했습니다.

세법에서 사업자를 정의하자면 ① 영리 목적과 상관없이 ② 사업상 독립적으로 재화 또는 용역을 공급하는 자라고 명시하고 있습니다. 이것은 영리든 비영리든 관계없이 계속적으로 물건을 팔거나 서비스를 제공하면 사업자에 해당하는 걸로 봅니다.

이럴 경우 사업자등록을 하도록 하고 있습니다. 곰푸 씨가 물건을 일시적으로 판매했다면 사업자등록을 안 해도 되지만 계속·반복적으로 물건을 팔고 이익이 생겼다면 사업자등록을 하여야 합니다.

사업자등록을 하지 않을 때 불이익은

사업자등록을 하지 않을 때 불이익이 있을까요? 계속해서 반복적으로 물건을 판매한다면 사업자등록을 하도록 정했기때문에 사업자등록을 하지 않으면 불이익이 있습니다. 사업자등록을 신청하지않으면 사업자등록증이 없는 기간 동안 발생한 매출액의 1%를 미등록 가산세로 부과합니다. 사업자등록증이 없으면 부가가치세신고도 안 했을 텐데요. 납부세액에 미신고 가산세 20%와 납부기한에 세금을 내지 않았기 때문에 연체료 성격의 납부지연가산세를 매일 납부세액에 0.022%를 부과합니다. 부가가치세신고를 안 했다면 당연히 소득세신고도 누락됐을 겁니다. 소득세 무신고 가산세 20%가 적용됩니다. 따라서 부가가치세, 소득세인 두 가지 세금에 대해 가산세가 적용되는 것이죠. 세금신고를 안하고 몇 년 후에 세무조사를 통해 세금을 추징당한다면 보통 판매금액의 절반 이상을 세금으로 내야 하는 상황도 생길 수 있습니다. 결코 적지 않은 금액의 세금을 한꺼번에 낼 수도 있습니다.

 레오나르도 디카프리오가 출연했던, 희대 위조 수표 사기꾼의 이야기를 다룬 캐치 미 이프 유 캔(2002)이라는 영화가 있습니다. 주인공의 아버지는 성공한 사업가였지만 탈세를 한 후 세무조사를 받아 집안이 어려워지게 됩니다. 탈세 혐의로 재산을 몰수 당하고 집도 잃고 간신히 동네 문구점을 운영하면서 항상 불안한 생활을 해야 했습니다. 집을 나온 주인공이 위조수표로 돈을 모아 아버지에게 비싼 자동차인 캐딜락을 선물하는 장면이 나오는데 이 때 아버지는 이런 말을 합니다. "새 차를 모는 걸 국세청이 알게 되면 아빠는 어쩌라고? 기차 타고 왔으니 기차 타고 갈 거야." 고급차를 소유한 사실을 국세청이 알게 되면 그나마 있던 재산마저 추징을 당할 수 있기 때문이었습니다. 사업자등록을 안 하고 세금신고도 하지 않는다면 주인공의 아버지처럼 세무조사에 대한 불안감을 가지고 살게 됩니다. 이왕 시작한 사업이라면 사업자등록을 하고 시작하시는 게 좋습니다.

초기에 사업자등록을 할 때, 매출 규모가 적어 세금부담이 있는 사업자를 위해 부가가치세 혜택을 주는 간이과세제도가 있습니다. 이 내용은 뒤에서 좀 더 살펴보도록 하겠습니다.

당근마켓에 물건을 팔 때 사업자등록을 해야 하나요?

중고사이트 당근마켓에서 물품 거래가 빈번합니다. 만약 개인이 가끔 물건을 올려 판매한다면 사업성이 없어 사업자등록을 하지 않습니다. 그러나 계속 반복적으로 대량 판매를 한다면 사업성이 있다고 판단합니다. 사업자로서 이익을 취하기에 사업자등록을 해야 합니다.

02

집에서 사업자등록증을
낼 수 있을까?

Q 요즘 뜨고 있는 의류 판매 대행 온라인 쇼핑몰 사업을 하려고 합니다. 사업자등록증을 어디서 신청하나요?

A 예전에 사업자등록증을 세무서 민원실에 갔어야 했지만, 지금은 인터넷 '홈택스'사이트에서 신청 가능합니다.

간편하게 사업자등록 신청이 가능

사업자등록증은 개인이 주민등록번호를 받는 것과 같습니다. 태어나면 한 달 이내에 출생신고를 하듯 사업을 시작한 날부터 20일 이내에 사업자등록을 세무서에 신청해야 합니다.

요즘은 사업자등록 신청을 집에서 인터넷으로도 가능합니다. 국세청은 홈택스(www.hometax.go.kr) 사이트를 통해서 간편하게 사업자등록을 신청하도록 하고 있습니다. 사업자등록에 필요한 서류는 스캔하거나 휴대폰 사진을 찍어서 첨부하면 됩니다.

모바일 시대에 맞게 휴대폰에서도 사업자등록 신청을 가능하게 만들었습니다. 휴대폰에서 홈택스 앱(손택스)을 설치한 후 간편인증, 공동인증서, 금융인증서 등을 통해 간편하게 사업자등록을 신청할 수 있습니다.

사무실이 없어도

또한 온라인 쇼핑몰, 구매대행, 유튜버, 번역 등 집에서 할 수 있는 사업들은 꼭 사무실 없이도 집으로 사업자등록이 가능합니다. 세무서마다 요청하는 서류가 조금씩은 다를 수 있지만, 본인 소유의 주택이면 주민등록등본과 건물등기부 등본만 있어도 사업자를 낼 수 있습니다. 전세나 월세로 살고 있다면 집주인의 동의가 필요하므로 사업자를 내겠다고 집주인에게 말하고 필요서류를 준비하면 됩니다. 사업자등록시 사업장을 집으로 하지 못하는 경우도 종종 있습니다. 사업장 주소가 아파트나 다가구주택지로 되어 있으면 거래처에서 미심쩍어 할 수도 있어서 주소지 선택에 고민하는 사장님들이 있습니다. 사업장 주소지가 상업용 건물에 필요한 사장님은 사업자등록용 주소를 임대하는 서비스를 이용할 수 있습니다. 공유 오피스 또는 소호 사무실로 인터넷 검색을 하면 비상주 사무실(가상 사무실)을 제공하는 다양한 업체를 찾을 수 있습니다. 이 중에서 원하는 업체를 고른다면 저렴하게 이용할 수 있습니다.

필요서류와 신청 절차

사업자등록증 신청 서류는 개인사업자와 법인사업자가 다릅니다. 기본적으로 법인사업자는 등기소에서 법인등기를 먼저 해야 사업자등록증 신청이 가능합니다. 세무서는 세금을 징수할 수 있는 법인이라는 실체가 있어야 사업자 등록을 해줄 수 있습니다. 많은 사람이 법인사업자가 유리하다고 하는데 장단점은 뒤에서 살펴보겠습니다.

사업자등록증 신청 절차

사업자등록 절차는 다음 표의 단계에 따라 진행됩니다.

진행단계	개인사업자	법인사업자
1단계 (설립)	없음	법인설립
2단계 (인허가)	영업 허가 또는 신고가 필요한 경우 해당함. 시·군·구청에 방문없이도 되는 사업일 경우 생략	
3단계 (세무서방문 또는 홈택스) 사업자등록 증신청서류	신분증	법인등기부등본, 법인인감증명서, 주주명부, 법인인감도장, 신분증 (대표자)
	· 임대차약서 사본 1부 (사업장을 빌렸을 경우) · 사업허가증 사본 (허가받는 경우: 영업신고증 등) · 사업 개시 전에 등록하려는 경우 사업허가신청서 또는 사업계획서 · 공동사업인 경우 (동업계약서, 인감증명서, 위임장, 신분증 등)	

사업장을 빌렸을 때 보증금을 보장받는 방법으로 확정일자 신청이 있습니다. 혹시 임차한 사무실이 경매로 넘어가더라도 상가건물 임대차보호법에 따라 우선 변제받을 수 있습니다. 임대차계약서 원본을 가지고 세무서 민원실에 가서 확인 도장을 받으면 됩니다.

사장님이 많이 물어보는 것 중의 하나는 사업자등록을 신청할 때 본인이 꼭 가야 하는지입니다. 본인이 바빠서 직접 세무서에 갈 수 없다면 대리인이 신청할 수도 있습니다. 대리인의 신분증과 사업자 본인의 위임장, 신분증 사본, 사업자의 도장을 가지고 방문하면 됩니다.

[임대차 계약서 확정일자 예시]

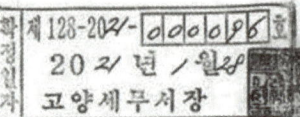

··········· **대리인 신청시 준비물** ···········

◎ 대리인 신분증

◎ 사업자 본인의 위임장, 신분증 사본, 사업자 도장

■ 부가가치세법 시행규칙 [별지 제4호서식] <개정 2019. 3. 20.>   홈택스(www.hometax.go.kr)에서도 신청할 수 있습니다.

사업자등록 신청서(개인사업자용)
(법인이 아닌 단체의 고유번호 신청서)

※ 사업자등록의 신청 내용은 영구히 관리되며, 납세 성실도를 검증하는 기초자료로 활용됩니다.
아래 해당 사항을 사실대로 작성하시기 바라며, 신청서에 본인이 자필로 서명해 주시기 바랍니다.
※ [ ]에는 해당되는 곳에 √표를 합니다.

(앞쪽)

| 접수번호 | | 처리기간 | 3일(보정기간은 불산입) |

1. 인적사항

상호(단체명)	금오벽상사	연락처	(사업장 전화번호)
성명(대표자)	김나양		(주소지 전화번호)
주민등록번호	810101-1234567		(휴대전화번호) 010-1234-5678
			(FAX 번호)

사업장(단체) 소재지   서울특별시 은평구 은평로 195   층   호

2. 사업장 현황

업 종	주업태	도매	주종목	의류	주생산요소		주업종 코드	개업일	종업원수
	부업태	소매	부종목	잡화	부생산요소		부업종 코드	2025.4.1	1

사이버몰 명칭		사이버몰 도메인	

사업장 구분	자가면적	타가면적	사업장을 빌려준 사람 (임대인)			임대차 명세			
			성명(법인명)	사업자등록번호	주민(법인)등록번호	임대차계약기간	(전세)보증금	월세(차임)	
	m²	33 m²	이사부	102-54-12345		2025.4.1.~2026.3.31	1,000만원	50만원	

허가 등 사업 여부	[ ]신고 [ ]등록 [ ]허가 [√]해당 없음	주류면허	면허번호	면허신청 [ ]여 [ ]부

개별소비세 해당 여부	[ ]제조 [ ]판매 [ ]입장 [ ]유흥

사업자금 명세 (전세보증금 포함)	자기자금 원	타인자금	원

사업자 단위 과세 적용 신고 여부	[ ]여 [√]부	간이과세 적용 신고 여부	[√]여 [ ]부

전자우편주소		국세청이 제공하는 국세정보 수신동의	[ ]문자(SMS) 수신에 동의함(선택) [ ]전자우편 수신에 동의함(선택)

그 밖의 신청사항	확정일자 신청 여부	공동사업자 신청 여부	사업장 외 송달장소 신청 여부	양도자의 사업자등록번호 (사업양수의 경우에만 해당함)
	[√]여 [ ]부	[ ]여 [√]부	[ ]여 [√]부	

210mm×297mm[백상지 80g/m² 또는 중질지 80g/m²]

03

사업 개시 전 사업자등록을 미리 하면 좋은 점

Q 사업을 준비하는 기간에는 매출이 없으니까 사업자등록을 안 해도 괜찮겠죠?

A 사업 개시 전이라도 매입하거나 비용 지출이 있으면 사업자등록을 미리 하시는 것이 유리합니다.

사업 개시 전에 사업자 등록하기

사업을 시작하기 전에는 판매가 없어 사업자등록을 미리 안 해도 된다고 생각합니다. 사무실을 빌릴 때도 개인 이름으로 계약하고 컴퓨터, 책상 등을 개인 명의로 삽니다. 내가 일반과세자로 시작할 예정이라면 사업의 첫발을 뗀 순간부터 사업자등록을 하는 것이 유리합니다. 왜냐하면, 사업을 준비하면서 들어가는 여러 비용이나 구매한 비품들에 대해서 부가가치세를 돌려받을 수 있기 때문입니다.

나시작 씨는 명예퇴직을 하고 제2의 인생 도전을 위해 고깃집을 알아보던 중 눈꽃 삼겹살로 유명한 돈이와 사장님을 알게 되었습니다. 맛있는 삼겹살의 노하우를 배운 후 점포를 차리기 위해 여러 곳을 물색하던 중 좋은 자리가 나와 계약을 했습니다. 도심지역이라 간이과세자는 안 되어 일반과세자로 사업자를 내야 하는 동네였습니다. 우선 실내 인테리어를 하는데 5천 5백만 원이 들었고, 냉장고·에어컨·주방기구·식탁 등 각종 기기를 장만하느라 3천 3백만 원을 추가로 지출하였습니다. 인테리어 사장님은 세금계산서를 발행해야 하니 사업자등록증을 보내 달라고 했습니다. 아직 사업자등록을 신청하지 않은 나시작 씨는 당장 지출되는 돈이 부담스러워서 좀 깎아달라고 했습니다. 인테리어 사장님은 "그럼 세금계산서 발행을 안 해주는 조건으로 10%를 깎아줄게요."

쫄지말고, 창업하리라

라고 하였습니다. 에누리한 금액이 나시작 씨한테는 이익일까요? 세금계산서 거래를 어긴 것은 논외[1] 로 하더라도 나시작 씨는 부가가치세 10%를 세금신고 때 돌려받을 수 있기 때문에 지금 덜 지급한 것은 큰 이득이 없습니다. 또한 증빙 없이 지출한 인테리어 비용은 소득세신고 할 때 경비로 반영하기 어려워 소득세를 더 많이 내게 됩니다.

사업 개시 후 20일 안에 신청

매입세액에 대한 부가가치세를 돌려받기 위해서는 사업 개시일부터 20일까지 세무서에 사업자등록을 꼭 신청해야 합니다. 과거에는 20일 이내에 사업자등록 신청을 안 하면 미리 구입한 물품에 대해서 부가세 공제를 해주지 않았습니다. 그런데 법을 잘 모르는 사장님이 사업자등록증을 언제까지 내야 하는지 몰라 신청 기간을 지나치는 경우가 종종 발생했습니다. 그래서 요즘은 상반기 또는 하반기 별로 사업 개시 전에 구입한 물품에 대해서는 과세기간 종료 20일 전까지 사업자등록신청서를 제출하면 매입세액공제를 해주고 있습니다. 늦어도 상반기에 사업을 개시했다면 7월 20일 전까지 또는 하반기에 사업을 개시했다면 다음 해 1월 20일 까지 사업자등록을 신청한다면 해당 과세기간인 6개월치 매입세액에 대해 공제를 받을 수 있습니다. 이 기간을 넘기면 부가가치세를 돌려받을 수 없습니다. 예를 들어 사업을 준비하기 위해 연

---

[1] 사업자끼리의 거래일 때는 세금계산서 수수가 원칙이다.

초에 노트북을 구입하고 현금영수증을 받았는데 사업자등록 신청을 7월 20일까지 못했다면 상반기 매입세액공제를 받을 수 없습니다. 상반기 사업을 개시했다면 늦어도 7월 20일 전에는 사업자등록증을 신청해야 합니다.

[예시]
◎ 매입 물품 : 5월 10일 사업 준비용 컴퓨터 구입
◎ 사업 개시일 : 6월 30일
◎ 사업자등록 신청 기간 : 7월 20일까지
◎ 매입세액공제 가능 기간 : 1월 1일 ~ 6월 30일

그리고 또 하나, 사업자등록번호가 아직 안 나온 상태에서 물품을 구입하고 세금계산서를 받아야 하는 상황이라면 사장님 주민등록번호를 기재한 세금계산서로 받거나 현금영수증을 받으면 됩니다. 사업자등록을 신청하지 못해 어쩔 수 없이 세금계산서를 받아야 할 때는 거래처에 주민등록번호를 알려주고 세금계산서를 받으면 됩니다. 그러나 사업자등록증이 나온 이후에는 사업자등록번호로 받아야 합니다.

요즘은 신용카드로 물품을 많이 구입하고 있습니다. 본인의 신용카드로 구매해도 매입세액공제를 받을 수 있습니다.

04

내가 파는 상품이
과세일까? 면세일까?

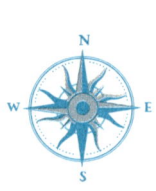

Q 이번에 다니던 직장을 그만두고 웹툰과 웹소설을 유통하는 회사를 만들려고 합니다. 사업자등록을 준비하다 보니 내가 하는 사업이 과세사업인지 면세사업인지 헷갈립니다.

A 출판과 관련된 사업은 부가가치세를 내지 않는 면세사업입니다. 웹툰과 웹소설을 제작하거나 유통하는 경우 면세사업자등록을 하시면 됩니다. 다만 해당 웹툰과 웹소설을 통해 광고 수입이 발생한다면 과세에 해당하여 부가가치세를 내셔야 합니다.

면세사업자란

면세사업자란 부가가치세를 면제받은 사업자입니다. 간이과세자는 부가가치세를 적게 내도록 혜택을 준 사업자라면 면세사업자는 아예 부가가치세를 안 내도록 만든 사업자입니다.

"면세사업자가 되면 세금을 안 내도 된다는 데
 저도 면세사업자를 하고 싶어요."

"면세사업 신청은 모든 업종의 사업에 가능하지는 않습니다.
 사장님의 업종이 이에 해당하는지 봐야 합니다.
 어떤 사업을 하시는 거죠?"

"네. 저는 잡지를 만들어서 판매하려고 합니다.
 광고도 넣어서 운영하려고요."

"아 그러시군요. 출판과 관련해서는 면세사업으로 봅니다만
 광고 수입이 있다면 과세사업에 해당합니다."

"면세사업도 되고 과세사업도 된다는 건가요?"

"네. 이럴 때 사업자등록증을 과세·면세 겸영 사업자로
 신청하셔야 합니다."

국가에서는 특정한 업종이나 품목에 대해서 소비자들의 부가가치세 부

담을 줄여주기 위해 면세제도를 운용하고 있습니다. 부가가치세는 구입하는 사람이 부담하는 구조라 세금을 면제를 해주게 되면 소비자는 좀 더 낮은 가격에 물건을 구입할 수 있습니다.

대표적인 해당 업종을 살펴보면 다음과 같습니다.

기초생활 필수품	미가공식료품 및 국산 미가공 비식용 농축수임산물, 수돗물, 연탄, 여성용생리처리위생용품
국민후생 용역	의료보건용역(미용목적수술은 제외), 약사의 조제, 장의업, 소독용역, 장기요양, 산후조리원, 교육서비스, 시내버스, 지하철, 기차 (KTX제외), 주택임대
문화관련 용역	도서·신문·잡지·인터넷신문 (광고기재는 과세), 예술창작품, 예술행사, 문화행사, 아마추어 운동경기, 박물관 입장료 등
부가가치 구성요소	토지의 공급, 금융·보험용역, 작가, 작곡가가 제공하는 인적용역, 종교, 학술 등 공익을 목적 (종교단체, 공익목적 기숙사운영)

면세사업자는 당해연도 수입금액과 사업장의 기본적인 내용에 대해서 다음 해 2월 10일까지 면세사업장현황신고를 해야 합니다. 부가가치세신고는 따로 하지 않습니다.

과세·면세 겸업 사업을 할 경우

면세사업인 출판사가 잡지를 만들 때 지면광고를 넣어 매출이 발생하기도 합니다. 이때 광고주에게 판매한 광고는 과세대상이기 때문에 매출에 대한 부가가치세를 납부해야 합니다. 당연히 잡지사는 광고주에게 세금계산서를 발행해 줘야 합니다. 그러나 면세사업자는 세금계산서를 발행해 줄 수가 없습니다. 부가가치세가 없는 계산서만 발행해야 하기 때문입니다. 그래서 면세사업자가 과세사업을 같이하려면 과세사업을 하겠다고 사업내용을 추가해야 합니다. 이때 사업자는 관할세무서에 과세사업을 추가하겠다는 사업자등록 정정 신고서를 제출하면 됩니다. 하지만 단순히 사업자등록증에 과세업종이 추가되는 게 아니라 면세사업자 번호가 과세사업자 번호로 변경되기 때문에 ① 사업자등록 정정 신고서를 작성해서 제출하면 ② 면세사업자 번호는 폐업 형식으로 없어지고 ③ 과세사업자 번호로 과·면세 겸업 사업자등록증을 새로 교부받게 됩니다. 폐업처리된 면세사업자의 사업내용은 다음 해 2월 10일까지 사업장 현황 신고서를 제출합니다.

  겸업사업자로 변경된 이후의 과세 및 면세 매출은 부가가치세신고 기간에 함께 신고하도록 하고 있습니다.

> 홈텍스 ▶ 신청 / 제출 ▶ 사업자등록 신청 / 정정등 ▶
> 면세사업자, 과세겸업시 사업자등록 신청

05

일반과세자가 유리할까?
간이과세자가 유리할까?

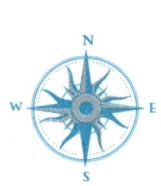

 네이버 쇼핑몰에 조금씩 의류를 판매하려 합니다. 주변에서 처음에는 간이과세자가 유리하다고 하는데 그 말이 맞는지요?

 처음 사업을 시작할 때는 간이과세자가 유리합니다. 소규모 사업자를 위해 간이과세자는 부가가치세를 일반과세자보다 적게 내도록 하고 있습니다.

세무서 : "사업자등록 신청하러 오셨나요?"

나창업 : "네. 인터넷 쇼핑몰을 하려고 합니다."

세무서 : "쇼핑몰 하시는데 일반과세자로 내실 건가요? 간이과세자로 내실 건가요?"

나창업 : "네? 그게 뭔가요?"

세무서 : "소규모 사업자를 위해 부가가치세를 일반과세자 보다 적게 내는 개인사업자를 간이과세자라고 합니다."

나창업 : "아 그런가요? 그럼 간이과세자가 무조건 유리하겠네요?"

세무서 : "일반적으로 간이과세자가 유리하지만, 항상 그렇지만은 않습니다. 초기 투자비용, 상품구매 방식, 향후 매출 규모 등에 따라서는 일반과세자가 유리할 수도 있습니다."

나창업 : "아! 헷갈리네요. 좀 더 생각해 보고 오겠습니다."

연 매출 1억 400만 원 미만은 간이과세자 적용

간이과세자가 유리할지 일반과세자가 유리할지는 사업 형태에 따라 달라집니다. 우선 간이과세자가 무엇인지 알아볼게요. 간이과세자는 연 매출이 1억 400만 원에 미달하는 개인사업자입니다. 다만 부동산임대업과 과세 유흥장소인 단란주점 등을 운영하는 사업자는 연 4,800만 원 미만인 경우에만 간이과세자가 될 수 있습니다.

  법인사업자랑 면세사업자는 간이과세 적용이 되지 않습니다. 간이과세제도를 두는 이유는 영세한 사업자의 부가가치세 부담을 줄여주어 초기 사업을 원활하게 해주기 위해서입니다. 또한 세금 신고하는데 어려움을 겪기에 부가가치세신고도 1년에 한 번만 하도록 하고 있습니다. 그에 반해 일반과세자는 1년에 두 번 부가가치세를 신고하고 있습니다. 그러나 간이과세자가 무조건 유리하지는 않습니다. 일반과세자가 유리할 때도 있습니다. 카페나 음식점, PC방을 개업하면 초기 인테리어 비용이 많이 들어갑니다. 예를 들어 인테리어 비용과 냉장고, 주방 집기 등에 1억 원이 들어갔다고 가정해 보겠습니다. 보통 견적서에 공급가액 1억 원(VAT 별도)이라고 나와 있습니다. 이것은 구입한 회사가 부가가치세를 별도로 지급해야 하는 계약입니다. 따라서 구입 가격의 10%인 부가가치세 1천만 원을 지불합니다. 매입에 관련된 세금은 부가세 환급신청을 할 수 있습니다. 일반과세자는 1천만 원에 대해서 환급을 받을 수 있지만, 간이과세자는 나중에 낼 세금을 적게 내는 대신 매입세액에 대해서 환급을 해주지 않습니다. 세금을 적게 내도록 편의를 봐주었으니 환급은 없는 것으로 하자라는 취지입니다. 그래서 초기 고정 비용이 많이 들어가는 사업에는 일반과세자가 유리한 경우도 있습니다.

연 매출 4,800만 원 미만이면 부가가치세 면제

간이과세자는 일정 금액 미만이면 납부의무를 면제하고 있습니다. 일 년 동안 매출액이 4,800만 원 미만이면 부가가치세를 낼 금액이 없습니다. 따라서 내가 하는 사업의 매출이 한 달에 대략 400만 원(부가가치세 포함)이 넘지 않는다면 납부할 세금이 없게 됩니다. 소규모로 사업을 준비하는 분이라면 간이과세자가 유리합니다.

12월에 개업했는데 다음 해에 일반과세자로 전환됐다면

간이과세자에서 일반과세자로 전환되는 기준을 정할 때 가장 헷갈리는 부분은 1억 400만 원을 어떻게 계산하는가입니다. 예를 들어 12월 1일에 간이과세자로 사업자등록을 하고 개업을 했는데 한 달 매출액이 900만 원이었다면 다음 해에 간이과세자 적용을 계속 받을 수 있을까요?

　국세청은 연 환산금액을 기준으로 간이과세 전환 여부를 결정합니다. 예를 들면 올해 판매한 금액이 900만 원이니까 내년에도 간이과세자로 있을 수 있을 것으로 생각할 수 있지만 그렇지 않습니다.

> **간이과세 기준**
>
> 연간환산금액 = (매출액 / 해당 월수) × 12개월

(900만 원 / 1개월) × 12개월 = 1억 800만 원으로 간이과세자 기준인 1억 400만 원을 넘어갑니다. 그러면 다음 해 7월 1일부터는 무조건 일반과세자로 전환됩니다. 한 달만 영업했는데 내년부터는 일반과세자로 전환된다니 억울할 수도 있습니다. 이럴 경우 사업을 다음 해 1월 1일부터 시작하는 것이 간이과세자로 좀 더 있을 수 있는 방법입니다.

간이과세자도 세금계산서 발행이 가능하다?

간이과세 기준이 1억 400만 원으로 바뀌면서 기존에 일반과세자였다가 간이과세자로 전환되는 일이 발생하기도 합니다. 예를 들어 과거에 연 매출이 5,000만 원인 사업자는 일반과세자로 분류되어 세금계산서를 발행했는데 개정된 세법에 따라 간이과세자로 바뀌게 되면서 세금을 적게 내는 장점이 생기는 반면 거래처에 세금계산서를 발행할 수 없다는 문제가 생깁니다. 이런 문제를 해결하기 위해 일정규모 이상(4,800만원~1억 400만 원 사이) 간이과세자도 세금계산서 발행하는 것을 원칙으로 정했습니다.

◎ 기존 : 간이과세자 영수증 발행 원칙
◎ 개정 : 간이과세자 세금계산서 발행 원칙

일반과세자였다가 간이과세자로 전환된 사업자라면 기존처럼 세금계산서를 발행할 수 있습니다. 다만 간이과세자 중 신규 사업자 및 직전 연도 매출액이 4,800만 원에 미달하는 사업자는 기존처럼 세금계산서를 발행하지 못하고 영수증을 발행해야 합니다. 나는 꼭 세금계산서를 발행해야 해서 간이과세자로 전환되지 않고 일반과세자로 계속 있겠다면 간이과세 포기제도가 있으니 너무 걱정하지 말고 나에게 맞는 사업유형을 찾으면 됩니다.

Summary

일반과세자인데 연매출 1억 400만원 미만으로 바뀌면, 다음해 7월 1일에 간이과세자로 변경되어도 세금계산서 발행이 가능함.

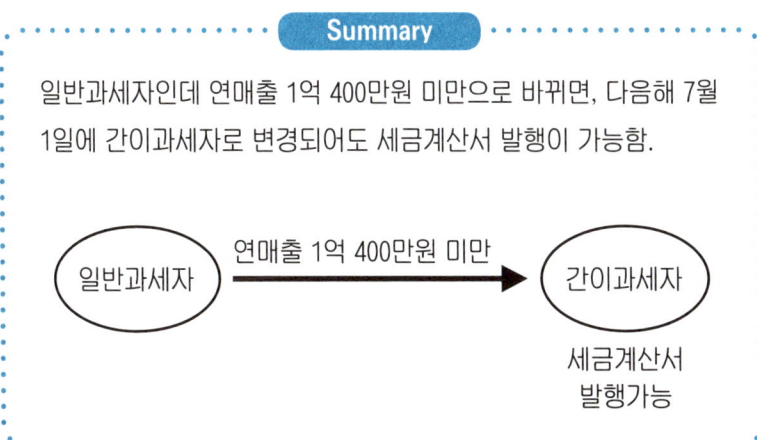

06

제조업도 간이과세자가 가능한가요?

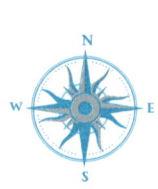

Q 조그만 빵 공장을 만들어 온라인으로 판매하려고 합니다.
간이과세자가 세금에서는 유리하다고 하는데
빵 제조도 간이과세자가 가능할까요?

A 제조업자는 원칙적으로 일반과세자로 사업자등록을 해야하지만 예외적으로 소비자 대상 빵 제조는 간이과세가 가능합니다.

동네 빵집을 지나다 보면 사장님이 직접 반죽을 해서 빵을 구워서 팔고 있는 모습을 보게 됩니다. 빵을 만드는 행위는 제조에 해당합니다. 일반적으로 제조업은 사업자 간 거래가 주로 발생하기 때문에 세금계산서를 주고받을 수 있는 일반과세자로 해야 합니다. 사업자등록을 간이과세자로 낼 수 없습니다. 간이과세자는 소비자를 대상으로 하는 영세사업자의 세금부담과 신고의무를 가볍게 해주기 위한 것이어서 사업자끼리 거래하는 제조업이나 도매업 등은 일반사업자로만 등록하도록 하였습니다. 그러나 제조업 중에 소비자를 대상으로 하는 일부 업종에 대해서는 간이과세적용을 허용해 주고 있습니다. 여기에는 빵집, 떡 방앗간, 양복점, 한복점, 건강원, 경 인쇄업, 표구점 등이 해당합니다. 그래서 소비자를 상대로 하는 동네 빵집의 경우 일정한 요건을 충족한다면 간이과세자로 사업자등록을 할 수 있습니다.

 **국세청에서는 프랜차이즈 제과점이나 개인 빵집처럼 소비자를 상대로 빵도 팔고 커피도 파는 곳을 음식업으로 분류하고 있습니다.**

간이과세자 배제기준

간이과세자가 적용되지 않는 기준을 살펴보도록 하겠습니다.

첫째, 매출금액 기준입니다. 연 매출이 1억 400만 원(부동산임대업,

과세유흥장소 사업자는 4,800만 원)이상 넘어가면 다음 해 7월부터는 일반과세자로 전환됩니다. 예를 들어 2023년 한 해 동안 1억 400만 원 넘게 판매했다면 2025년 7월 1일부터는 일반과세자로 바뀌게 됩니다.

둘째, 간이과세 배제업종입니다. 아래 해당하는 업종은 간이과세자가 될 수 없습니다.

① 광업 : 요즘은 거의 없습니다.
② 제조업 : 다만, 빵집, 떡 방앗간, 양복점, 양화점, 한복점, 건강원, 경인쇄업, 표구점 등은 간이과세를 적용해 줍니다.
③ 도매업 : 소매업을 겸영하는 경우를 포함하되, 재생용 재료 수집 및 판매업은 제외합니다.
④ 부동산매매업 및 개별소비세 대상인 과세유흥장소
⑤ 부동산임대업 : 특별시, 광역시, 시 지역으로 읍면지역 제외하고 국세청장이 정하는 규모 이상인 경우에 해당됩니다.
⑥ 변호사업, 심판변론인업, 변리사업, 법무사업, 공인회계사업, 세무사업, 경영지도사업, 기술지도사업, 감정평가사업, 손해사정인업, 통관업, 기술사업, 건축사업, 도선사업, 측량사업, 공인노무사업, 의사업, 한의사업, 약사업, 한약사업, 수의사업, 기타 등등 : 전문자격사들은 영세하진 않다고 봅니다
⑦ 포괄 양수도에 따라 일반과세자로부터 양수한 사업으로 공급대가가

1억 400만 원 이상인 경우
⑧ 사업장의 소재 지역과 사업의 종류·규모 등을 고려하여 국세청장이 정하는 기준에 해당하는 경우
⑨ 복식부기의무자가 운영하는 사업
⑩ 간이과세가 적용되지 않는 다른 사업장을 보유하고 있는 사업자

또한 국세청장이 정하는 지역 기준, 면적 기준 등에 해당하지 않으면 간이과세자로 신청할 수 없습니다. 사업자등록을 신청할 때 내가 하는 업종이 간이과세자가 될 수 있는지 안 되는지를 미리 검토해 보는 것이 좋습니다.

더 자세한 내용은 김정철세무사 블로그에서 '간이과세 배제'를 참고하세요.

07

개인사업자와 법인사업자 어느 쪽이 유리할까?

Q 모바일용 앱 개발을 위해서 3명이 의기투합했습니다. 사업자등록을 개인사업자로 해야 할지 법인사업자로 해야 할지 고민이 되네요.

A 3명이 동업을 하면서 외부 투자를 받는다면 법인사업자가 유리할 수 있습니다. 그렇지 않다면 개인사업자가 관리하기에 수월합니다. 상황에 따라 선택하여야 합니다.

"닭이 먼저냐? 달걀이 먼저냐?"처럼 개인사업자와 법인사업자 중에 어느 게 낫다고 말하기 어렵습니다. 개인사업자는 본인이 사업을 이끌어가기에 회사의 이익과 손실 모두를 책임집니다. 반면 법인사업자는 사업 과정에서 발생한 이익과 손실을 법인에 귀속시켜 대표자가 지는 법적 책임을 어느 정도 제한합니다. 그러나 현실적으로 신설 법인은 대표자와 임원이 모든 책임을 지고 운영할 수밖에 없습니다. 대출을 받더라도 대표자가 연대보증을 서지 않으면 승인이 어렵습니다. 일반적으로 규모가 작고 사업을 처음 시작할 때에는 개인사업자가 유리합니다. 대외적인 이미지를 좋게 하거나 관공서 입찰업무를 할 때, 또는 규모가 커져서 세금이 많이 나올 때는 법인사업자가 낫다고 말할 수 있습니다.

개인사업자와 법인사업자의 세율 비교

개인사업자와 법인사업자를 비교했을 때 매출이 크고 수익이 많이 남는 경우에는 법인사업자가 유리합니다. 개인사업자는 소득세율을 6~45% 구간으로 계산하는 데 반해 법인사업자는 9~24% 구간으로 계산합니다. 예를 들어 단순하게 계산해서 1억 원의 순이익이 생겼다면 개인사업자는 1억 원 X 35% – 1,544만 원 = 1,956만 원 소득세를 납부합니다. 이에 반해 법인사업자는 1억 원 X 9% = 900만 원을 법인세로 납부합니다.

법인의 주주는 법인세를 내고 남은 이익금을 배당소득으로 가져오게 됩니다. 법인세로만 보면 개인보다 유리한 것처럼 보이지만 좀 더 깊게 들어가 보면 꼭 유리한 것만은 아닙니다. 회사가 이익금을 배당할 때 2,000만 원을 초과하는 배당소득은 종합소득세로 합산해서 세금을 내고 가져가야 합니다. 그렇게 되면 종합소득세가 늘어나서 생각보다 큰 이득이 없을 수도 있습니다. 일반적으로 순이익의 규모가 커지고 대외적인 신용도가 필요한 경우에는 법인사업자로 하는 게 낫고, 순이익이 적고 마음대로 회사 자금을 쓰고 싶다면 개인사업자가 유리한 정도로 여기면 됩니다.

설립절차는 개인이 법인보다 수월

개인사업자는 사업자등록 절차가 간단합니다. 사업장만 있으면 특별한 비용 없이 세무서에서 바로 사업자등록증을 발급받을 수 있습니다. 반면에 법인은 설립절차가 까다롭습니다. 법인은 사업의 주체이기에 설립등기라는 절차를 거쳐야 합니다. 법인을 설립하기 위해 발기인과 주주 등 다른 사람들의 인감증명서 등 서류가 필요합니다. 또한 법인을 시작할 때 필요한 자본금과 등록면허세도 준비해야 합니다. 법무사사무실에 대행을 맡겨 진행하면 관련 수수료도 발생합니다. 요즘은 다행히 예전과 비교해서 법인 설립 절차가 간소해지긴 했습니다.

법인이 번 돈을 임의로 가져오면 문제

개인사업자는 1년간 일해서 번 돈을 소득세라는 세금을 내고 가져갈 수 있습니다. 반면 법인이 벌어들인 돈은 대표자가 가져가는 게 아니라 주주가 이익금을 나눠 가져야 합니다. 대표자는 일한 만큼의 대가를 대표자 급여로 가져갈 수 있습니다. 따라서 회사의 운영을 직접 했다고 해서 급여보다 더 많은 돈을 지출증빙 없이 가져올 수는 없습니다. 이익이 남으면 배당을 받거나 대표자 급여를 올려서 정당한 세금을 내고 가져와야 합니다. 임의로 회삿돈을 가져오면 회사에 피해를 주는 행위로 상법상 제재를 받습니다. 임의로 가져온 돈은 대표자가 상여금으로 가져갔다고 보고 소득세를 부과합니다. 지출증빙없이 가져간 돈을 회계에서는 가지급금 또는 주임종단기채권이라고 합니다.

08

법인 설립할 때
자본금이 많이 들까요?

Q 관공서를 대상으로 IT 솔루션을 팔려고 하는데 개인회사보다는 법인회사가 신뢰도가 높아 보인다고 해서 법인사업자를 내고 싶습니다. 법인은 자본금이라는 게 있다는데 얼마를 넣어야 하는지요?

A 법인은 주주가 회사의 주인인 회사입니다. 회사의 주인이 되기 위해서 설립할 때 종잣돈을 넣어야 하는데 현재는 금액의 제한이 없습니다. 단돈 100원이 있어도 법인 설립이 가능합니다.

법인회사는 단돈 100원으로 설립 가능

"나 때는 말이야. 법인 만들기가 힘들었어. 자본금도 5천만 원 있어야 했고 이사도 3명은 무조건 있어야 했지."

예전에 사업하셨던 분들은 법인 만들기가 힘들다는 기억을 갖고 계십니다. 2009년 이전에는 상법상 최저자본금 요건이 있었습니다. 5천만 원 자본금을 납입해야 했지만 현재는 관련 규정이 삭제되어 단돈 100원만 있어도 법인설립이 가능합니다. 이사로 구성할 인원이 3명 이상이었던 것을 현재는 1명 이상으로 변경되어 1인 주식회사도 설립이 가능해졌습니다. 대표자가 법인의 사내이사가 되고 주식도 100% 소유할 수 있습니다. 법인으로 과거보다 수월하게 설립하고 사업 활동을 할 수 있도록 개선하였습니다. 지금은 법인설립을 대행하지 않고도 스스로 할 수 있는 인터넷 사이트도 만들어졌습니다. 중소벤처기업부에서 인터넷으로 쉽게 법인을 설립할 수 있는 '온라인 법인설립시스템'을 운영하고 있습니다.

법인설립을 대행하고 싶다면 근처 법무사사무실이나 변호사 사무실에 의뢰하면 됩니다.

법인설립 시 준비서류

법인을 설립하기 위해서는 내가 사용하려는 상호를 누군가가 사용하는

지 검색해 봐야 합니다. 대한민국법원 인터넷등기소(www.iros.go.kr)
에서 상호 검색이 가능합니다. 관할 등기소 내에 똑같은 상호가 있으면
신규법인으로 등록이 안 됩니다. 사용하고자 하는 상호를 몇 가지 구상
후 검색하는 게 좋습니다.

〈법인상호 검색 방법〉

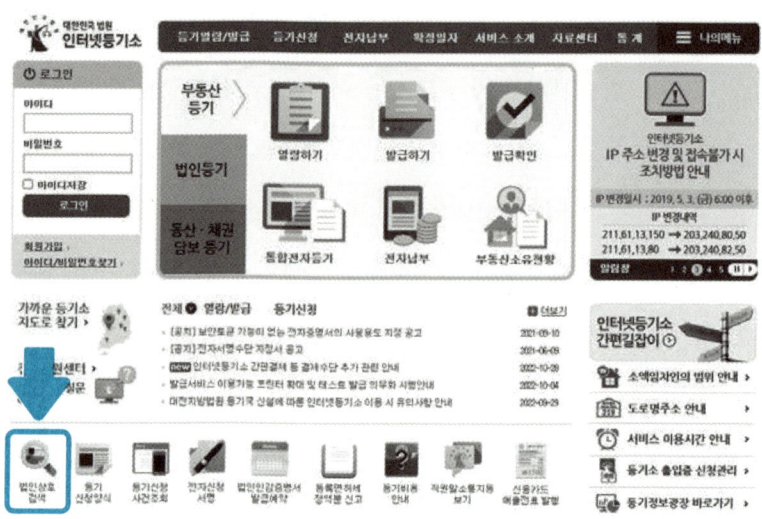

사무실을 얻는 경우에 보통 개인 명의로 임대차계약을 하게 됩니다. 법
인등기가 나오고 난 이후에는 임대인과 법인 명의로 다시 임대차계약
을 수정해야 합니다. 이런 점이 번거로울 때는 대표자나 주주의 이름
으로 가계약을 한 뒤 법인이 설립된 후 계약서에 법인명과 등록번호를
기재하면 됩니다.

[일반적인 준비서류]

① 회사 정보가 기재된 서면서류
② 예금 잔고 증명서
③ 대표 주주 명의의 통장
④ 대표이사 인감도장, 인감증명서, 주민등록등본
⑤ 취임이사·감사 인감도장, 인감증명서, 주민등록등본

  자본금은 100원 이상이면 가능하지만, 사업을 개시할 때 필요한 비용만큼은 자본금으로 하는 게 유리합니다. 가령 사무실 보증금과 컴퓨터 구매 비용 등으로 1,000만 원이 예상된다면 자본금을 1,000만 원으로 설정하는 게 좋습니다. 어차피 법인설립이 되면 지출되어야 할 금액이기 때문입니다. 자본금이 있으면 회사의 재무제표도 튼튼해 보입니다. 자본금을 증명하는 서류는 통장의 잔고입니다. 회사 대표자가 법률상 발기인이 되는 경우가 많아 대표자 개인 통장에 자금을 예치한 뒤 은행 창구에서 통장 잔고증명서를 발급받으면 됩니다.

09

다른 사람 명의를 빌려서 사업자등록을 해도 될까?

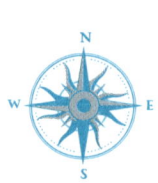

Q 아는 지인이 체납이 있다 보니 사업을 하기가 어렵다고 사업자등록증의 명의를 빌려달라고 하네요. 명의를 빌려줘도 괜찮을지요?

A 아무리 친한 사이라도 사업자등록증에 내 명의를 빌려주게 되면 피해를 볼 수 있습니다.

> 김명의 씨는 평소 절친하게 지내던 이종사촌 동생인 조대여 씨가 사정상 자신의 명의로는 사업자등록을 할 수 없다 하며 명의를 빌려 달라고 요청해 부득이 사업자등록 명의를 빌려주었고 조대여씨가 김명의 씨 이름으로 사업자등록을 한 후 사업을 하였다고 주장하였다.
>
> 사업자등록 후 초기에는 세금을 성실하게 신고하고 냈으나 2년후 7천만 원의 세금을 내지 아니한 상태에서 폐업하였다.
>
> 세무서에는 체납자 김명의 씨 소유 주택을 압류하는 등 체납처분이 진행되자 실제 사업자는 조대여 씨임을 주장하였으나 증명되지 않았다.
>
> 〈국세청 사례〉

이처럼 친인척이나 친구, 직장동료, 이웃 등 평소 알고 지내던 사람들의 부탁을 거절하기는 어렵습니다. 명의를 빌리는 사람은 문제가 생기면 내가 모두 책임지겠다고 적극적인 태도로 요청을 합니다. 더불어 발생한 수익금 일부를 지급하겠다고도 하지요.

사업이 잘되어 문제없이 세금을 내고 운영할 때는 걱정이 없습니다. 하지만 사업이라는 게 생각처럼 되지는 않습니다. "그 사람은 믿을 수 있는 사람이야"라고 하더라도 돈 앞에서는 믿음이 오래가지 못합니다.

한두 해 적자가 나고 부가가치세, 소득세 등이 밀리다 보면 어느 순간 사업을 접고 사라집니다. 사업자등록증이 '내 것인 듯, 내 것이 아닌 듯' 하므로 쉽게 접어버리게 되죠. 그렇게 되면 세무서는 체납 세금을 징수하기 위해 명의를 빌려준 사람에게 고지서를 보내고 세금을 내지 않으면 집이나 통장을 압류하는 상황까지 생깁니다.

명의를 빌려주지 말아야

명의를 빌려주었다는 사실을 세무서에 제대로 해명을 하거나 실제 사업자가 아니라는 것이 입증된다면 다행이지만 보통은 사실관계가 명확하게 드러나기가 어렵습니다. 명의를 빌려 쓴 사람이 나타나서 모두 자신이 사업을 했다고 얘기하지 않는 이상 세무서는 "나는 단순히 사업자 이름만 빌려줬다."는 주장을 받아들이기 힘듭니다.

국가와 지방자치단체에 체납이 발생하면 은행거래 시 대출이 안 되거나 상환 압박이 들어올 수 있습니다. 잘못하면 신용카드 사용이 정지되기도 합니다. 또한 명의를 빌려준 사람이 건강보험료 지역가입자의 경우 보험료는 소득과 재산을 기준으로 부과하는 데 명의를 빌려주었을 뿐 실질소득이 없는데도 불구하고 건강보험료가 추가로 나오게 됩니다. 명의대여는 함부로 해서도 안 되고 함부로 빌려주어도 안 됩니다.

10
동업할 때 주의할 점은?

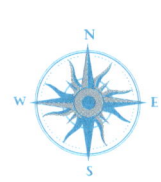

Q 친한 친구하고 이자카야 집을 같이 하려고 합니다. 이럴 때 어떤 점을 주의해야 하나요?

A 처음 창업할 때 자금 문제나 인력 문제로 동업을 하는 경우가 많습니다. 동업의 장점은 협력을 통한 시너지입니다. 이것을 잘 살리기 위해서는 철저한 계획을 세워야 합니다.

청년창업이 요즘 들어 더욱 활기를 띠고 있습니다. 창업은 맨몸뚱이로 시작할 수 있지만, 처음부터 큰돈을 들이기는 어려우므로 마음이 통하는 친구, 지인들과 함께 시작하는 경우가 많습니다. 동업은 서로 의지하면서 힘든 시기를 견딜 수 있기에 분명 사업하기 좋은 수단입니다. 하지만 창업을 하고 시간이 조금 흐르다 보면 계획했던 일들이 지지부진해지기도 합니다. 서로 신뢰를 갖고 시작했지만, 점점 짜증이 나기 시작하고 상대방은 나보다 노력을 덜 하는 것 같기도 합니다. 그때마다 서로가 터놓고 대화를 나누고 문제 해결을 위해 머리를 맞대야겠지만 지쳐가는 자신의 모습을 보면서 상대방만 탓하게 됩니다. 그러다 보면 어른들이 말했던 "동업하면 돈 잃고 친구 잃는다."라는 말이 점점 와닿게 되지요. 이럴수록 초심을 잃지 않고 생각했던 대로 일을 진행하기 위해서는 서로가 처음부터 원칙을 세워두어야 합니다. 이것이 '동업 계약서'입니다.

동업 계약서

동업 계약서는 서로의 신뢰를 의심하기 때문에 쓰는 것이 아닙니다. 나라에는 헌법이 있고 군대에는 군율이 있듯이 원칙을 만들어 놓아야 갈등이 생겼을 때 서로가 합의할 수 있는 안전장치가 됩니다. 그래서 동업 계약서는 오해가 생기지 않도록 구체적으로 작성해야 합니다. "우리가 이 정도 관계밖에 안 되냐!"라고 섭섭해할 수도 있겠지만 처음부터 확실하게 해놓지 않으면 사소한 오해가 쌓일 수 있습니다. 미리미리 예방하는 차원에서 서로의 의견을 최대한 많이 정리해 놓는 게 좋습니다. 인터넷상에서 떠도는 동업 계약서를 이름만 바꾸는 것이 아니라 창업에서 발생할 수 있는 문제들에 대해서 작성해 놓아야 합니다.

수익 배분은 동의할 수 있는 기준을 세워야!

두 명이 동업을 시작하면 수익 배분을 대충 5대 5로 하자고 합니다. 똑같이 일하고 자금도 절반씩 부담하기 때문에 서로 의심 없이 분배합니다. 하지만 동업자마다 완전히 똑같은 일을 하기도 어렵고 서로 잘하는 분야도 다릅니다. 영업을 잘하는 친구가 있고 관리를 잘하는 친구가 있다면 개인의 역할에 따른 분배를 이해할 수 있는 범위에서 정해야 합니다. 또한 돈만 투자하는 동업자가 있다면 가급적 과도한 수익 배분을 약속하는 것은 위험합니다. 돈은 창업에 꼭 필요한 부분이어서 처음 시작할 때는 이익금을 많이 주기로 정하지만, 실제 일을 하다 보면 창업자가 쏟아부은 노력과 일에 비해 돈을 투자한 동업자가 너무 많은 이익금을 가져간다고 느낄 수 있습니다. 돈을 투자한 투자자는 경영에는 크게 관심이 없으면서도 투자 수익이 적다는 생각이 들면 일하는 사람이 능력이 안 되어 손해를 본다고 느낄 수 있습니다. 투자 형태로 하는 경우라면 시중 대출금리보다 높지만 사채 이자보다는 낮게 하고 예상되는 수익률을 너무 높지 않은 수준에서 수익 배분을 하는 것이 좋습니다. 적정한 기대수익을 보고 돈을 투자하는 사람은 투자금을 장기로 회수해야 하기에 사업에 관심을 두고 지지해 줄 수 있습니다.

사업계약을 해지할 때

사업을 하다 보면 마음이 안 맞아서 그만두어야 할 때가 있습니다. 막상 동업을 그만둔다고 하면 투자한 금액과 노력에 대한 보상을 돌려 받기가 쉽지 않습니다. 몸만 빠져나오는 경우가 대부분입니다. 이럴 때를 예방하기 위해 동업 계약서에 동업계약의 해지 사유를 정해야 합니다. 계약이 해지될 때 해지 사유에 따라 서로가 지출해야 하는 비용과 정리해야 할 내용이 있다면 계약서에 의해 가능합니다. 가장 중요한 것은 투자금의 회수인데 명확한 계약 내용이 없다면 분쟁으로 가게 됩니다. 동업을 그만둘 때 일시에 투자금을 돌려줄 수 없기에 일정 기간을 계약서에 명시해서 언제까지 지급되도록 해야 합니다. 그래야 법적 분쟁까지 가지 않고 원만하게 해결할 수 있습니다.

11
부모에게 창업자금을 얼마까지 증여받을 수 있나?

Q 이번에 자녀가 창업한다고 하는데 보증금이 조금 부족하다고 하네요. 부모로서 도움을 주고 싶은데 증여세가 걱정됩니다.

A 창업을 하는 자녀에게 일정액의 종잣돈을 주어 사업을 시작하도록 하는 것은 국가에서도 격려하고 있습니다.

서울 같은 대도시에서 점포 창업을 하려면 임대료도 크지만, 보증금과 시설비도 상당히 들어갑니다. 요즘 청년들이 자신만의 독특한 레시피로 음식점 창업을 하거나 카페 창업을 합니다. 열정 하나로 시작하지만 높은 초기 비용으로 힘들어하기도 하죠. 부모 관점에서 조금이라도 도움을 주고 싶지만 증여세가 나올까 봐 걱정하십니다. 나라에서는 창업을 장려하기 위해 창업 자금을 부모가 줄 때 일정한 금액에 대해서는 증여세를 부과하지 않습니다.

그렇다고 무조건 허용해 주면 편법으로 자녀에게 재산을 증여하는 일이 생길 수 있으므로 법에서 몇 가지 규정을 두었습니다.

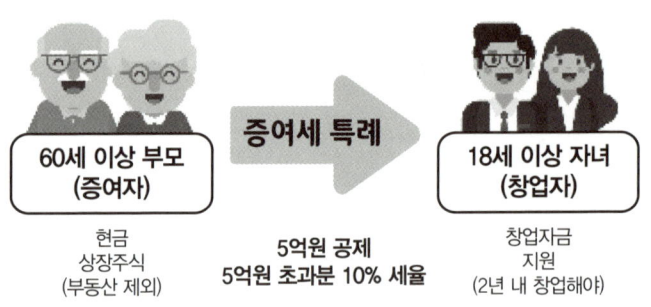

우선 자녀가 만 18세가 넘어야 합니다. 또한 국내에 183일 이상 거주하고 있어야 합니다. 해외에 거주하면서 창업을 하는 경우는 안 됩니다. 부모님은 만 60세 이상이어야 하고 부모님이 돌아가셨다면 할아버지, 할머니도 증여해 줄 수 있습니다.

창업을 할 자금을 주는 제도이기 때문에 토지나 건물 등은 해당이 안 됩니다. 현금이나 상장 주식으로 자녀에게 줄 수 있습니다. 창업자금은 5억 원까지는 증여세가 없습니다. 5억 원 초과분은 10% 세율로 증여세가 부과되기 때문에 낮은 세율로 창업자금을 지원해 줄 수 있습니다. 다만 한도가 증여세 과세가액의 50억 원까지입니다. 창업한다고 해놓고 아파트를 사는데 쓰거나 주식투자를 한다면 취지에 어긋나겠죠. 창업자금을 증여받았다면 2년 이내에 창업해야 합니다. 기존에 하고 있던 사업에 추가하거나 폐업 후 같은 사업을 하는 경우는 해당이 안 됩니다.

여기서 잠깐! 창업을 통해 새로운 직원을 10명 이상 고용하였다면 100억원까지 창업자금을 증여 받을 수 있습니다.

증여받은 자금은 4년 이내에 사용해야

증여받은 자금은 증여받은 날부터 4년 이내에 해당 목적에 맞게끔 사용을 해야 추징을 당하지 않습니다. 또한 창업자금을 사용하겠다는 명세서를 제출해야 합니다.

창업하지 않거나 다른 용도로 사용했다면 당연히 해당 금액에 대해 세무서는 증여세나 상속세를 부과하면서 이자까지 청구합니다. 또한 창업 후 10년 이내에 폐업하거나 휴업을 하면 세금을 부과하게 됩니다. 세금에 대해 혜택을 받았으니 혹여나 다른 마음을 먹게 하지 않겠다는 취지입니다. 다만 어쩔 수 없이 사업이 안 되어 폐업하는 경우에는 예외를 두고 있습니다. 사업이 너무 안 되어 부채가 자산을 초과하여 폐업하는 경우와 최초 창업한 이후 트렌드의 변화나 사업환경의 변화 때문에 사업전환을 위해서 1회에 한해 2년 이내의 기간 동안 휴업을 하거나 폐업을 한다면 세금을 부과하지 않습니다.

창업자금 증여를 통해서 자녀가 창업시장에서 빠르게 자금을 확보하고 자리를 잡을 수 있도록 국가에서 제도적으로 지원을 하고 있으니 잘 활용하시기 바랍니다.

조특법 6조 창업중소기업 업종에 해당해야 혜택을 줌.

※ 중소기업의 해당 업종 ※

조세특례제한법 6조 ③ (창업중소기업과 창업벤처중소기업의 범위)
광업, 제조업, 수도·하수 및 폐기물 처리, 원료 재생업, 건설업, 통신판매업, 대통령령으로 정하는 물류산업, 음식점업, 정보통신업(비디오물 감상실 운영업, 뉴스제공업, 블록체인 기반 암호화자산 매매 및 중개업은 제외), 금융 및 보험업 중 대통령령으로 정하는 정보통신을 활용하여 금융서비스를 제공하는 업종, 전문과학 및 기술 서비스업, 엔지니어링사업(변호사, 변리사, 법무사, 공인회계사, 세무사, 수의업, 행정사, 건축사는 제외), 사업시설 관리 및 조경 서비스업, 사업 지원 서비스업(고용알선업 및 인력 공급업은 농업노동자 공급업을 포함), 사회복지 서비스업, 예술·스포츠 및 여가관련 서비스업(자영예술가, 오락장 운영업, 수

> 상오락 서비스업, 사행시설 관리 및 운영업, 그 외 기타 오락관련 서비스업은 제외), 개인 및 소비용품 수리업, 이용 및 미용업, 직업기술 분야를 교습하는 학원을 운영하는 사업 또는 직업능력개발훈련시설을 운영하는 사업, 관광숙박업, 국제회의업, 유원시설업 및 대통령령으로 정하는 관광객 이용시설업, 노인복지시설을 운영하는 사업, 전시산업, 통신판매업(2018.5.29.추가), 개인 및 소비용품 수리업, 이용 및 미용업, 번역 및 통역서비스업, 경영컨설팅업, 콜센터 및 텔레마케팅서비스업 등

창업자금 상속 시 참고

창업자금은 상속재산에 가산하는 증여재산으로 봅니다. 상속개시일 전 10년 이내의 증여재산만 상속재산으로 포함하는데 반해 창업자금은 기간에 상관없이 상속재산에 포함해야 합니다. 예를 들어 15년 전에 창업자금을 증여했어도 상속 시에는 상속재산에 포함합니다. 다만 상속공제 적용 시 사전증여로 보지 않도록 해서 상속공제를 받을 수 있습니다. 현행 상속세는 사전증여재산에 대해 상속공제를 허용하지 않고 있습니다.

> 창업자금의 장점은 상속재산에 가산하더라도 창업자금의 증여 당시 평가액을 그대로 인정하기에 상속일 현재 다시 평가하지 않는 것입니다.
>
>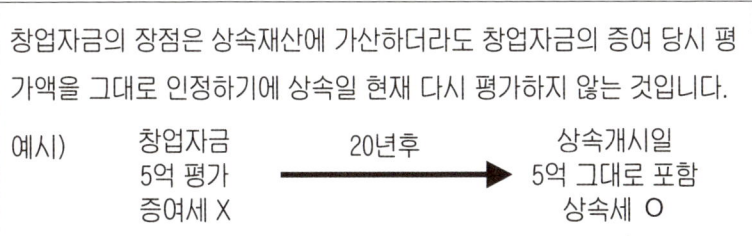

12

카페, 식당, 치킨집 인수해서 창업할 때 세금문제는?

 동네 카페를 인수해서 창업하려고 합니다. 인수할 때 사업포괄양수도로 한다. 권리금도 있다고 하는데 세금 처리는 어떻게 해야 하나요?

 기존에 있던 매장을 인수해서 창업할 때는 몇 가지 고려할 사항이 있습니다. 양수도 할 때 세금계산서를 주고받을지와 시설비와 권리금을 어떻게 처리할지입니다.

새로운 장소에 카페나 치킨집을 내기도 하지만 기존에 운영하던 매장을 인수하기도 합니다. 우리나라 카페와 치킨집 매장이 포화상태라 기존 매장을 인수하는 경우가 점차 많아지고 있습니다. 매장 인수할 때 발생하는 세금에 대해서 알아보겠습니다.

기존 매장을 인수하기 위해서는 중개 사이트나 프랜차이즈 본사를 통합니다. 예를 들어 치킨집 인수를 고려한다면 전문 커뮤니티 '닭집 카페', 네이버 커뮤니티 '아프니까 사장이다', '피터팬의 좋은 방 구하기' 등에서 검색합니다.

그리고 가까운 부동산에 임대로 내놓은 매물도 있는지 확인해 보는 것도 좋습니다. 왜냐하면 온라인 거래는 내가 잘 모르는 지역과 상권이라 매장을 비싼 금액으로 인수하기도 합니다. 그리고 양수한 지역에 유동 인구 또는 상권 파악 미흡으로 인해 예상했던 매출보다 현저히 낮을 수도 있습니다.

구분	장점	단점
온라인 매물	원하는 지역에 매물 현황을 빠르게 파악할 수 있고 개략적인 권리금, 보증금, 월세 등을 파악 할 수 있다	생활권 반경의 동네가 아니라면 상권 파악, 권리금, 예상 매출 등 면밀한 분석이 어렵다
오프라인 매물	직접 거주하는 동네 또는 생활권 반경이면 상권분석 및 예상 매출 분석이 쉽다	매물이 많이 없을 수 있고 부동산마다 돌아다녀야 하는 번거로움이 있다

* 온라인으로 매물 위치 파악 후 현장 주변의 부동산사무소에서 해당 물건 인근 부동산의 평균 보증금, 월세, 권리금 등을 파악하고 매물 현장을 직접 찾아가 상권분석을 하는 것을 추천합니다.

기존 매장을 인수하기 위해서는 매장 매출을 먼저 확인합니다. 매장에 들어오는 인원과 포스기에 찍힌 매출이 진짜인지 가늠하려면 국세청 현금영수증 판매금액이나 부가가치세 과세표준 증명원을 보여달라고 해야 합니다. 요즘 소비자는 현금 쓸 때 대부분 현금영수증을 요청하기에 세금 신고된 매출을 속일 순 없으니까요.

인수하기로 했다면 매장 승계를 위한 사업자등록은 기본적으로 두 가지 방법이 있습니다. 하나는 기존사업자가 폐업하고 신규로 사업자를 내는 방식입니다. 일반적인 방법입니다. 다른 방법은 지인 간에 사업자를 변경하지 않고 양도·양수하여 사업자등록번호를 그대로 사용하는 방법입니다. 기존사업자가 있는 상태에서 인수하는 사업자가 공동사업자로 등록한 후 일정 기간이 지나서 동업 해지를 통해 기존사업자가 빠져나옵니다. 그러면 인수하는 사업자만 사업자등록증의 대표로 남게 되어 자연스럽게 양도양수가 이루어집니다.

방법1) 기존사업자 : 폐업, 인수자 : 신규사업자등록
방법2) 기존사업자 + 인수자 : 공동사업자로 등록 ▶ 기존사업자 동업 탈퇴 ▶ 인수자 단독명의

매장 인수를 공동사업자로 했다가 단독명의로 바꾸는 이유는 프랜차이즈와 맺은 가맹계약의 불이익을 줄이거나 지인끼리 계약이라 자리 잡을 때까지 함께 운영하기 위해서 공동사업자로 하기도 합니다.

시설비와 권리금

매장을 인수할 때 시설비와 권리금 문제가 발생합니다. 기존 매장의 사장님이 일반과세자였다면 매장 인테리어, 집기, 커피머신 등에 대해 사장님께 세금계산서를 발행해 줍니다. 간이과세자라면 세금계산서를 발행하지 않을 수 있습니다. 다만 일반과세자가 일반과세자에게 양수도 할 때는 사업포괄양수도 방식으로 매장을 넘길 수 있습니다. 이때는 기존 사장님이 세금계산서를 발행하지 않습니다. 서로 간 번거로운 부가세 신고 절차를 간소하게 해주는 게 사업포괄양수도 방식입니다.

1) 시설비

카페를 인수하면 매장인테리어, 주방 시설, 식탁, 의자 등 시설을 넘겨받습니다. 인수하는 사장님은 기존 시설을 거의 그대로 쓰기에 적절한 가격을 계산해서 지급합니다. 여기에는 시설비와 권리금을 함께 주고받기도 하고 따로따로 계산하기도 합니다.

 2017년 이전까지는 사업을 양수도 할 때 비품, 인테리어, 기계 등에 대해서 대금을 주고받아도 유형자산 처분에 따른 이익과 손실을 무시할 수 있었습니다. 그래서 시설비와 권리금을 구분하지 않고 모두 시설비로 해서 돈을 주고받았습니다. 하지만 2018년부터는 개인사업자 중 복식부기 의무자는 해당 시설을 넘길 때 차익이 발생하면 총수입금액에 반영해야 합니다. 보통 매장의 작년 판매액이 1억 5천만 원 넘으면 복식부기 대상자가 됩니다. 대부분 프랜차이즈 가맹점은 연 매출 1억 5천만 원이 넘기 때문에 시설 처분 이익이 생기면 수입으로 장부 작성해야 합니다. 그래서 종종 시설을 넘기는 사장님이 세금계산서 금액을 실제 받는 돈보다 적게 발행 해주겠다고 유혹하기도 합니다.

2) 권리금

 매장을 양도·양수하면서 영업에 대한 권리를 주고받는 걸 권리금이라고 합니다. 회계용어로는 영업권입니다. 권리금을 지급하는 쪽은 비용으로 처리할 수 있고 권리금을 받은 쪽은 이익이 생긴 거라 소득이 됩니다. 대부분 개인사업자 간에는 권리금을 암묵적 합의로 처리합니다. 어차피 내가 매장을 팔고 나갈 때도 똑같이 하면 되었으니까요. 하지만 최근에는 권리금을 명확히 하고 싶어 하는 사장님이 늘고 있습니다. 인수한 사장님이 기존 사장님한테 불만이 생겨 세무서에 조세 포탈로 신고하면 난처한 상황이 생길 수 있습니다. 큰 금액의 권리금이라면 서로의 불신이 생기지 않도록 명확하게 세무 처리하는 게 좋습니다. 또한 법인은 매장을 팔 때 회계처리를 해야 하기에 세금계산서를 발행하고 권리금을 받습니다. 매장을 판 사장님이 권리금을 받는다면 기타소득으로 세금 신고해야 합니다. 기타소득은 사업을 통한 이익이 아니라 권리금이라는 새로운 소득이 생겼으니까 세금을 내라는 취지입니다. 다행히 권리금에 대해서 비용을 60%까지 그냥 인정해 주고 있습니다. 예를 들어 권리금으로 1억 원을 받았다면 매장을 키우고 관리하는데 고생한 걸 인정해서 60%만큼은 얻은 소득에서 빼주게 됩니다. 따라서 1억 원의 60%를 뺀 4천만 원만 기타소득으로 신고하도록 합니다. 인수하는 사장님은 권리금을 줄 때 기타소득 원천징수를 하고 나머지 금액을 지급해야 합니다.

〈권리금 처리〉
  ◎ 매장 파는 사장님 : 기타소득 발생, 내년 5월에 종합소득세 신고
  ◎ 매장 인수 사장님 : 기타소득 원천징수 후 다음 달에 납부,
                    권리금(영업권) 비용처리

공동사업 중 지분양도 시

매장을 두 사람이 공동으로 운영하다 동업자가 공동사업을 탈퇴할 때가 있습니다. 서로 원만히 헤어진다면 사실상 임의로 정산하는 경우가 많지만, 법적 소송으로 가는 상황이라면 정확히 세금 처리하는 게 좋습니다. 투자한 금액 이상으로 본인이 가지고 있던 공동사업의 지분을 양도하고 받는 권리금은 기타소득에 해당합니다. 암묵적 합의로 돈을 주고받지 않는 한, 기타소득으로 신고하고 깔끔히 헤어지는게 각자가 노력한 대가에 대한 배려가 아닐까 생각이 듭니다. 보통 연인과 헤어질 때는 훗날 좋은 추억으로 남지만, 동업자와 헤어질 때는 평생 보기 싫은 사람으로 남습니다. 그러지 않기 위해 헤어짐의 기술을 꼭 익혀야 합니다.

13
N잡러가 투잡한다면 세금신고는?

Q 회사에 다니면서 투잡을 하고 있습니다. 따로 신고해야 하는 게 있나요?

A 부업으로 프리랜서를 한다면 월급과 합쳐서 다음 해 5월에 소득세 신고를 해야 합니다.

월급만으로는 생활이 힘들 정도로 높은 물가와 낮은 급여로 많은 분이 투잡을 합니다. 직장 다니면서 급여소득 외에 배달의 민족·쿠팡이츠·심부름 앱 등의 배달 일, 저녁에 대리운전, 주말에 쿠팡 물류창고에서 일합니다. 일반적으로 플랫폼 앱을 통해 번 소득은 지급하는 회사가 3.3% 세금을 원천징수하고 나머지 돈을 줍니다. 대게는 세금을 미리 떼었기 때문에 까마득히 잊고 있다가 다음 해 5월에 종합소득세 신고 안내문을 받고 당황합니다. 그러나 신고를 어떻게 해야 할지 걱정할 필요 없습니다. 요즘은 국세청에서 운영하는 홈택스 사이트에 직접 종합소득세를 신고할 수 있도록 시스템이 갖춰져 있습니다. 투잡으로 벌어들인 수입이 많지 않다면 홈택스의 모두채움 신고서비스를 이용해서 연말정산한 근로소득과 투잡 소득을 합쳐서 간편하게 신고할 수 있습니다.

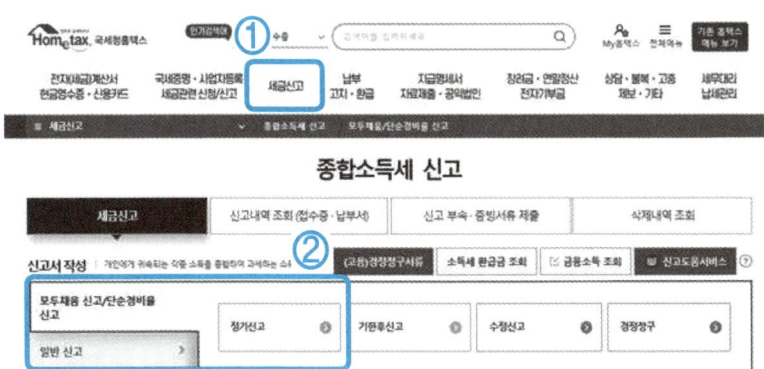

소득세는 일 년간 벌어들인 총소득에 세금을 매겨, 간혹 투잡으로 번 소득이 많다면 추가 세금이 나올 수 있습니다. 왜냐하면 개인 소득세율은 6%~45% 단계별로 급격히 높아지는 구조이기 때문입니다. 급여소득이 높은 구간을 적용받는 근로자가 추가로 소득이 생기면 높은 세율 구간을 적용받습니다. 투잡 소득이 적다면 낮은 세율구간을 적용받아 낸 세금의 일부를 돌려받기도 합니다.

[예시]

총급여 3,000만 원, 투잡수입 1,000만 원 (단순경비율 70%)

소득공제 1,200만 원, 기납부세액 70만 원

근로소득: 3,000만 원 - 1,200만 원 =1,800만 원

투잡소득: 1,000만 원 - 700만 원 =300만 원

종합소득금액 : 2,100만 원

종합소득세: 약 200만 원

추가납부할세액 : 200만 원 - 70만 원 = 130만 원

투잡으로 발생한 소득이 크다면 모두채움 신고방식이 아닌 일반 신고를 통해 장부 작성하는 게 유리합니다. 간편장부를 작성해서 신고하면 실제 경비를 반영할 수 있어 세금을 줄일 수 있습니다.

기고, 강연으로 수입이 생겼다면

직장을 다니면서 블로그와 SNS에 글을 쓰다 실력이 좋아져 원고 청탁을 받거나 강연 의뢰가 들어올 때가 있습니다. 이런 수입은 사업처럼 지속해서 발생하지 않아 기타소득에 해당합니다. 기타소득은 비정기적이고 단발성을 갖춘 소득을 의미합니다. 상금이나 복권처럼 가끔 생기는 소득이라고 생각하면 됩니다. 기타소득이 연간 300만 원을 넘으면 종합소득세 합산신고를 해야 합니다. 300만 원이 넘지 않았다면 따로 종합소득세 합산 신고하지 않을 수 있습니다.

스마트 스토어, 유튜버 광고 수입이 생겼다면

부업으로 스마트 스토어에 판매하거나 유튜브 영상을 올려 광고 수입이 생길 때가 있습니다. 계속 반복적으로 거래가 이루어진다면 사업자 등록을 하고 세금 신고를 해야 합니다. 사업자는 부가가치세 신고와 종합소득세 신고가 있습니다. 면세사업자는 면세사업장현황신고와 종합소득세 신고가 있습니다. 개인사업에서 발생하는 소득은 직장소득과 합쳐서 종합소득세 신고를 해야 합니다. 직장인 연말정산을 2월에 하고, 5월에 직장소득과 사업소득을 합쳐서 신고하고 납부합니다.

" 측정할 수 없는 것은
관리할 수 없고,
관리 할 수 없는 것은
개선할 수 없다. "

．
．
．
．
．

피터드러커

PART 2
비용을 제대로 처리해야
세금 뒤통수 안 맞는다

01

세금계산서, 현금영수증, 신용카드 매출전표의 차이는?

Q 세금을 줄이려면 영수증을 잘 받아야 한다는데 어떤 것을 받아야 할지 모르겠어요.

A 절세를 하려면 영수증을 꼼꼼히 챙겨야 합니다. 부가세뿐만 아니라 소득세도 영향을 주기 때문이에요. 세금계산서, 현금영수증, 신용카드 매출전표 등에 대해서 알아볼까요.

국가에서는 세금을 거두기 위한 다양한 부과방식을 갖고 있습니다. 자동차세나 재산세처럼 구입한 재화에 대해 일정한 금액을 걷어가는 방식이 있고, 부가가치세나 소득세처럼 벌어들인 것에서 쓴 비용을 빼고 내는 방식으로 세금을 걷어가기도 합니다. 사업을 하면서 내는 세금은 주로 벌어들인 돈에서 쓴 돈을 빼고 납부하게 되는데 사업자 입장에서는 나에게 없어지는 돈일뿐입니다. 그러므로 세금으로 나가는 돈을 줄이려면 내가 쓴 비용에 대한 증빙을 잘 갖춰야겠지요. 그럼 어떤 서류를 모아야 할까요?

 가장 대표적인 서류가 세금계산서, 현금영수증, 신용카드매출전표 등이 있습니다.

세금계산서

세금계산서는 부가가치세법에서 사업자 간에 거래할 때 사용하도록 만든 증빙서류입니다. 물건을 판 사람이 물건을 구입하는 사람에게 주는 대표적인 증빙서류입니다. 여기에는 공급가액과 부가가치세를 별도로 구분해 적혀있습니다. 또한 공급한 사업자의 사업자등록번호, 상호와 성명, 작성일자, 공급한 금액 등이 필수적으로 기재되어 있습니다. 간혹 학원, 병원, 출판사, 과일가게 등을 운영하는 면세사업자분들이 "나는 부가가치세를 공제받지 못하니까 세금 없이 거래하고 싶어요."라고 하더라도 판매자는 무조건 세금계산서를 발행해 줘야 합니다. 구매하는 입장에서는 매입세액이 공제되지 않아 손해라고 생각하겠지만 판매자는 매출에 대한 부가가치세를 신고하고 내야 하기 때문입니다. 구매자가 정말 원하지 않는다고 해서 세금계산서 없이 거래하게 되면 판매자는 매출 누락 혐의로 세무조사를 받을 수도 있습니다. 구매자 또한 매입에 대한 증빙이 없어 소득세신고 때 비용으로 처리하기 어렵습니다. 증빙없이 비용으로 처리하더라도 매입금액에 가산세 2%를 부담해야 하기에 세금계산서를 제대로 받아야 세금을 줄일 수 있습니다.

요즘은 전자세금계산서가 보편적으로 사용되고 있어서 예전처럼 전달 과정에서 빠지거나 오류가 생기는 일이 줄어들었습니다. 전자세금계산서가 활발히 사용되어 세금계산서를 주고받는데 더욱 편리해졌기에 거래할때는 꼭 세금계산서를 받는 습관을 들여야 합니다.

현금영수증

현금영수증이란 소비자가 음식점, 병원, 술집, 학원 등에서 현금으로 결제를 하고 구매자의 사업자등록번호나 주민등록번호 또는 전화번호를 입력하여 영수증을 발급받는 것을 말합니다.

이렇게 발급받는 현금영수증은 국세청에 자료가 통보되어 직장인들은 연말정산 시 세액공제를 받을 수 있습니다. 사업자는 지출한 경비에 대한 영수증으로 부가가치세와 소득세를 줄이는 데 사용합니다.

신용카드 매출전표

물건을 구입하거나 음식을 먹을 때 신용카드로 결제해서 받는 영수증이 신용카드 매출전표입니다. 온라인 쇼핑몰, 식당, 술집, 마트 등에서 신용카드로 결제해서 받는 증빙서류입니다. 신용카드로 결제를 한 후 매출전표를 받으면 따로 세금계산서를 받지 않아도 부가가치세법상 매입세액에 대한 공제를 받을 수 있습니다. 국가 입장에서는 어차피 신용카드로 거래한 금액을 확인할 수 있으므로 신용카드 매출전표로도 매입세액공제를 해주고 있습니다. 예전에 카드 결제를 꺼리는 매장이 많다 보니 사업자가 소비자에게 신용카드로 결제를 받으면 발행금액의 1.3%, 최대 1,000만 원까지 부가가치세를 공제받도록 혜택을 주었습니다. 그래서 요즘은 소액의 물건을 구입하더라도 신용카드 결제를 거부하는 곳이 거의 없습니다.

기타영수증

기타 영수증은 공급받는 자의 사업자등록번호와 부가가치세액이 별도로 구분되지 않는 증빙서류입니다. 주로 간이영수증 등을 말합니다. 이런 영수증은 부가가치세를 신고할 때 매입세액공제를 받을 수는 없지만 사업을 위해 지출한 비용이기에 소득세를 신고할 때에는 경비로 반영할 수 있습니다.

〈각종 적격 증빙들〉

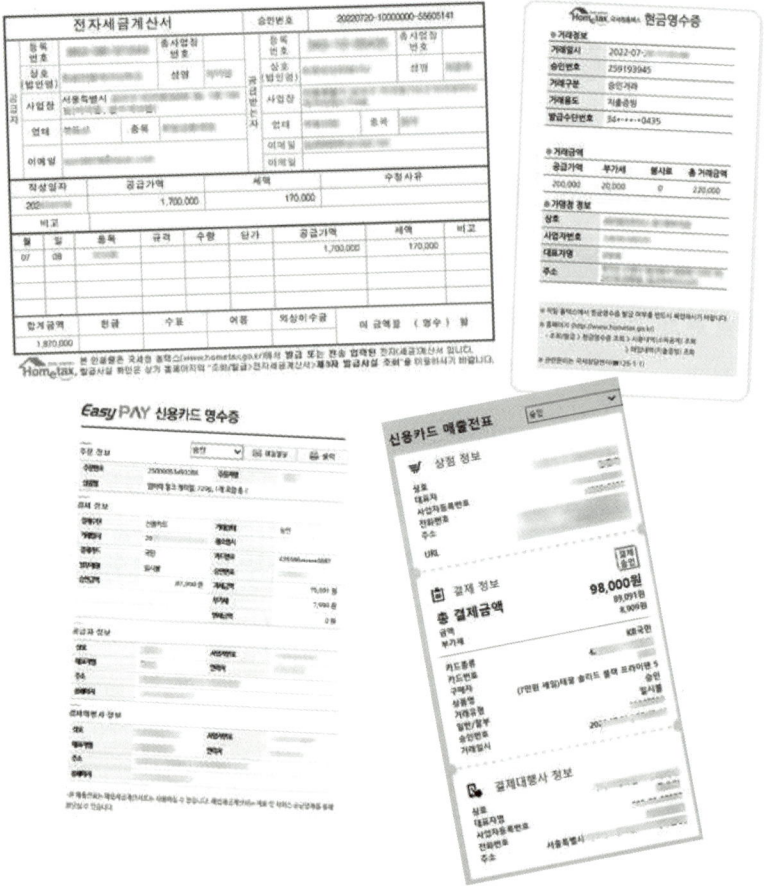

02

사업용 신용카드와 사업용 계좌를 꼭 등록해야 하나요?

Q 주변에서 사업용 신용카드를 만들면 좋다고 하는데 그 이유가 무엇인가요?

A 사업용으로 사용하는 신용카드를 홈택스 사이트에 등록하면 조금 더 많이 매입에 관련한 부가가치세를 공제받을 수 있습니다.

사업용 신용카드

사업을 하면서 신용카드로 물건을 구입하거나 요금을 지불하는 경우가 많습니다. 예전에는 신용카드로 물건을 사고 결제하려고 하면 싫어하는 가게들이 있었지만, 요즘은 대부분 신용카드 결제를 받아줍니다. 그래서 회사 경비를 카드로 쓰기가 편해졌습니다. 간혹 이렇게 물어보시는 사장님들이 있습니다.

"사업용 신용카드는 어느 카드사에 신청해야 하나요?"
"개인적으로 만든 신용카드를 쓰고 있는데 새로 사업용 신용카드를 만들어야 하나요?"
"체크카드를 사용해도 되나요?"
"공동사업자인데 동업자 신용카드도 홈택스에 등록할 수 있나요?"

사장님들은 사업용으로 발급 받아야 하는 특별한 신용카드가 있다고 생각합니다. 그러나 신용카드 종류에 대해서 특별한 규정을 두고 있지 않습니다. 사업을 위한 지출 용도로만 쓴다면 개인신용카드나 사업자신용카드나 둘 다 '사업용 신용카드'라고 부르고 있습니다. 이런 신용카드는 홈택스 홈페이지에 등록해놓으면 사용내역을 쉽게 조회할 수 있습니다. 부가가치세를 신고할 때 일일이 사용내역을 입력하지 않아도 매입한 합계금액만 기재하면 매입세액공제를 받을 수 있어서 편리합니다.

또한 구매 상품의 신용카드 전표를 분실하더라도 홈택스 홈페이지 자료를 활용하여 신고할 수 있어 누락없이 매입세액공제를 받아 절세할 수 있습니다. 홈택스에 신용카드 등록은 최대 50개까지 할 수 있어 여러 개의 신용카드를 사용하더라도 상관없습니다.

공동사업자의 경우에는 대표사업자가 아닌 동업자의 신용카드도 홈택스에 등록할 수 있습니다. 동업자가 직접 홈택스에 회원가입을 하고 신용카드 등록을 하면 사용가능합니다.

〈사업용신용카드 등록 안내〉

개인사업자 사업용신용카드 사용내역은 등록한 달부터 조회가 가능합니다.

예1) 2025.10.1.~ 10.31. 기간 중 카드를 등록하였다면 사용내역 조회는 2025.11.15.경부터 가능하며, 이때 2025.10.1.~ 10.31 기간 동안의 카드사용내역이 조회됩니다.

화물운전자복지카드의 유류비 이용내역은 화물운전자복지카드 메뉴에서 조회 가능하오니, 사업용신용카드로 등록하지 마시기 바랍니다.

▲ 등록가능 카드 : 대표자 또는 기업명의의 신용카드, 체크카드, 기명으로 전환된 충전식 선불카드
(지역화폐 및 기프트 카드만 해당)

▲ 등록불가 카드 : 가족카드, 기프트카드, 충전식선불카드, 직불카드, 백화점전용카드

법인신용카드는 홈택스에 자동으로 등록

법인사업자는 따로 등록 절차를 밟지 않아도 됩니다. 왜냐하면, 법인 명의로 발급받은 신용카드는 사업용 신용카드에 해당하여 발급과 동시에 자동으로 홈택스 홈페이지에 등록이 됩니다. 은행에서 통장을 개설하면서 신청한 체크카드도 마찬가지입니다. 개인사업자일 경우에만 홈택스에 등록합니다.

사업용 계좌등록

일정 금액 이상의 수입이 생기는 개인사업자는 사업용 계좌를 홈택스에 등록해야 합니다. 사업용 계좌를 등록하지 않을 때 가장 큰 피해는 각종 세액감면을 적용받지 못한다는 겁니다. 예를 들어 창업중소기업의 경우 창업중소기업 세액감면은 최대 5년간 25% ~ 100%의 세액감면을 적용받을 수 있는 큰 혜택입니다. 특히 청년이 창업했을 때 세금부담 없이 초기 사업을 하는데 중요한 감면입니다. 하지만 사업용 계좌를 등록하지 않으면 감면 적용이 안 될 뿐 아니라 가산세까지 내야 합니다.

 개인사업자 중에는 복식부기 의무자일 경우에만 감면이 배제되기 때문에 보통 사업을 시작한 지 2~3년 정도 되었을 때 문제가 발생합니다. 매출이 증가하면 복식부기 의무자로 바뀌게 되는데 사장님은 일하느라 바빠서 언제 바뀌는지 잊어버리는 경우가 많습니다. 그래서 사업자등록을 하고 나면 사업용 계좌를 홈택스에 바로 등록해 두는 게 좋습니다.

사업용 계좌는 복식부기 의무자가 되는 해의 6개월 이내에 신고하여야 합니다. 보통 6월 말까지 신고를 하여야 합니다.

[복식부기의무자 대상 업종기준]

업종별	기준금액
농업·임업 및 어업, 광업, 도매 및 소매업(상품중개업을 제외한다), 부동산매매업, 그밖에 나목 및 다목에 해당되지 아니하는 사업	3억 원
제조업, 숙박 및 음식점업, 전기·가스·증기 및 공기조절 공급업, 수도·하수·폐기물처리·원료재생업, 건설업 (비주거용제외), 부동산 개발 및 공급업(주거용 건물 개발 및 공급업에 한정), 운수업 및 창고업, 정보통신업, 금융 및 보험업, 상품중개업	1억 5천만 원
부동산임대업, 부동산업(부동산매매업은 제외), 전문·과학 및 기술서비스업, 사업시설관리·사업지원 및 임대서비스업, 교육서비스업, 보건업 및 사회복지서비스업, 예술·스포츠 및 여가 관련 서비스업, 협회 및 단체, 수리 및 기타 개인서비스업, 가구내 고용활동	7천 5백만 원

03

적격증빙이 없어도 경비 인정되는 것들은?

 사업장을 빌려서 사용하고 있는데 임대인이 월세에 대해 영수증을 안 주네요. 이럴 땐 어떻게 해야 하나요?

 임대인이 아마 간이과세자인 경우 같습니다. 월세는 영수증을 못 받더라도 경비로 인정받을 수 있습니다.

"상가임대료를 통장으로 보냈는데 세금계산서 발행해 주세요"
"난 간이과세 임대사업자라 세금계산서를 발행하지 못해요"
"그럼 경비 처리하게 현금영수증을 발행해 주세요"
"임대인은 영수증을 발행 안 해도 된다고 하던데요.
 그냥 비용 처리하세요"
"네? 정말 그래도 되나요?"

국세청에서 정해놓은 세금계산서, 계산서, 현금영수증, 신용카드 매출전표 등을 적격증빙이라고 합니다. 적격증빙을 받아 기록해야 세금을 줄일 수 있습니다. 그러나 사업자가 적격증빙을 못 받아도 사업의 경비로 인정받는 경우가 있습니다. 대표적으로 간이과세자로부터 빌려 쓰는 사무실의 임차료입니다. 임대사업을 하는 간이과세자는 세금계산서를 발급할 수 없어서 임차인에게 적격증빙을 주지 못합니다. 그럴 때 임대차계약서와 통장 이체내용 등이 있으면 임차인은 경비처리 할 수 있습니다.

  몇 가지 예를 들면 회사가 강원도 옥수수가 맛있다고 옥수수를 관련 업체에 판촉 사은품으로 보내려고 하는데 경비처리가 가능한지 물어본 적이 있습니다. 농민에게 따로 받는 영수증이 없기 때문입니다. 농산물을 구입하거나 판매할 목적으로 농민에게 직접 과일, 채소 등을 살 때 영수증을 받기가 어렵습니다. 그래서 이런 경우에는 은행을 통한 이체내역을 보관하면 경비처리를 할 수 있습니다. 금액이 클 경우에는 계약서나 거래명세서를 받아 놓는 것이 좋습니다. 그리고 소득세 신고나 법인세를 신고할 때 송금 사실을 적은 송금명세서를 첨부해서 제출하면 됩니다.

 요즘은 점점 더 해외로 사업을 넓히는 듯합니다. 우리나라는 해외 출장을 갈 때 배나 기차로 가지 못하다 보니 대부분 항공기를 타고 해외로 나갑니다. 항공료를 해외출장비로 처리해야 하는데 따로 영수증이 없어서 문의하는 경우가 있습니다. 이때는 항공권과 이체내역을 보관하면 경비처리를 할 수 있습니다.

 사업과 관련해서 3만 원 이하의 물건을 구입하는 경우에는 간이영수증이라고 불리는 영수증을 받아도 경비처리 가능합니다. 중국음식점에서 짜장면을 먹고 간이영수증을 받는다면 잘 모아서 세금 신고할 때 장부에 기재해야 합니다. 영수증 한 장 한 장이 세금을 줄이는 역할을 톡톡히 합니다.

> **관련 법령**
> ◎ 소득세법 제160조의 2 (경비 등의 지출증명 수취 및 보관)
> ◎ 소득세법 시행령 제208조의 2 (경비 등의 지출증명 수취 및 보관)
> ◎ 법인세법 시행령 제158조
> ◎ 법인세법 시행규칙 제79조 (지출증명서류의 수취 특례)

04

직원 급여는 증빙을 어떻게 하면 되나요?

Q 사무실에서 직원과 단기 아르바이트생을 쓰고 있습니다. 회사에서 인건비 지출한 것도 소득세 때 비용처리가 된다고 하는데 증빙서류는 어떻게 해야 하는지 궁금하네요.

A 직원의 인건비에 대한 증빙을 어떻게 해야 하는지 많이 물어보십니다. 세무서에서는 인건비에 대한 세금을 지급하기전에 미리 신고하도록 하고 있습니다.

간혹 사장님중에 "직원을 뽑았는데 경비처리를 어떻게 하나요"라고 물어 볼 때가 있습니다. 영수증을 받아야 하는지, 통장에서 지급한 내역만 있으면 되는지 얘기하곤 합니다. 사장님이 요즘 같은 힘든 시기에 직원을 뽑는 것만으로도 큰일을 하신 거라 말씀드리면서 인건비 처리에 관해 설명하고 있습니다. 개인사업자는 직원을 쓰는 데는 몇 가지 방법이 있습니다.

첫 번째인 단기로 일하는 경우입니다. 주로 아르바이트생이라고 부르고 있고 시간에 따라 급여를 지급하는 경우가 많습니다. 이것을 시급이라고 합니다. 2025년도 아르바이트생에게 지급해야 하는 시급은 10,030원입니다. 이 금액 이하로 지급하면 법을 어기게 되어 소송을 당할 수 있습니다. 아르바이트생에게는 1주일간 충실히 근무했으면 그다음 주에는 하루 치의 급여를 더 지급해야 하는데 이것을 주휴수당이라고 합니다. 일주일에 15시간 이상 일을 한 근로자에게 일주일에 하루 치의 유급휴일을 주어 과도한 노동으로부터 근로자를 보호하는 제도입니다. 아르바이트생에게 급료를 지급하기 전에 주민번호증을 복사하거나 사진을 찍어 보관하고 급여는 통장으로 이체하거나 현금으로 지급 시 확인서를 받아야 합니다. 그리고 일용근로소득에 대해 지급명세서를 매월 말까지 제출해야 경비반영을 할 수 있습니다.

두 번째는 프리랜서로 일을 하는 경우입니다. 프리랜서는 중세 유럽 기사에서 유래되었는데 좋은 조건을 제시하는 영주에게 용병이 되는 기사를 의미했습니다. Free는 '자유로운, 주인이 없는'이라는 뜻이고 'Lance'는 중세 서유럽 기병들이 사용하던 긴 창을 의미했는데 두 단어를 합쳐 현재에 'Freelancer'라는 말이 나왔습니다. 말 그대로 자유로운 직업을 가진 직업군을 말합니다. 일종의 개인사업자인 셈이죠. 그래서 이들에게 보수를 줄 때는 사업소득세를 떼고 지급을 합니다. 급여소득자들의 월급에서 근로소득세를 떼고 지급하는 것과 마찬가지 방식입니다. 현재 사업소득세는 3.3%(지방소득세 포함)를 차감하고 지급한 후 매월 원천세 신고와 사업소득 간이지급명세서를 세무서에 제출하고 세금을 은행에 납부해야 합니다.

세 번째는 회사에 고정적으로 일을 하는 직원입니다. 여기에는 계약 기간이 정해져 있는 계약직이 있고 계약 기간이 정해져 있지 않은 정규직이 있습니다. 급여를 지급하는 직원에게는 매달 일정한 세금을 원천징수하고 지급한 내역을 신고하도록 하고 있습니다.

마지막으로 해외에 있는 사람을 쓰고 지급하는 인건비가 있습니다. 해외에 물건을 팔 때 해외현지인에게 커미션을 지급하거나 업무를 처리해주는 대가로 비용을 지출합니다. 또는 디자인업무나 번역업무를 현지인에게 맡겨 일을 시키기도 합니다. 이런 비용은 국내에 따로 신고하는 게 없어서 인보이스나 현지인과 체결한 업무계약서, 외화 송금 영수증 등을 보관하고 장부에 기록하면 사업과 관련된 비용으로 인정받을 수 있습니다.

인건비 관련 서류나 지급명세서 제출을 잘 챙기지 못하여 가산세와 함께 소득세나 법인세를 더 낼 수도 있으니 잘 관리해야 합니다.

05
부가가치세가 공제되는 것과 안 되는 것은?

Q 신용카드로 물건을 구입하거나 밥값으로 쓰고 있습니다. 신용카드를 많이 쓰면 부가가치세 공제가 모두 되는 줄 알았는데 아닌 것도 있다고 하네요.

A 맞습니다. 신용카드나 현금영수증을 사용하여도 부가가치세가 공제되지 않는 항목들이 있습니다.

자전거를 판매하는 김자전 씨는 거래처에서 자전거를 매입할 때 신용카드로 결제를 합니다. 식사할 때도, 애들 학원비를 결제할 때도, 타고 다니는 차량에 휘발유를 넣을 때도 언제나 신용카드를 사용합니다. 이렇게 하면 부가가치세를 적게 낼 수 있다고 들었기 때문입니다. 보통 신용카드는 증빙으로 인정되는 영수증이기 때문에 많이 사용하는 것이 절세에 유리합니다. 국가에서도 신용카드나 현금영수증 사용을 장려하기도 하고요. 부가가치세는 판매한 제품이나 용역의 매출세액에서 지출한 매입에 대한 세액을 차감하고 내는 방식입니다. 그래서 매입 자료를 많이 갖추게 되면 부가가치세 납부를 줄일 수 있습니다. 그렇다고 모든 지출비용에 대해서 매입한 세액으로 인정하지 않습니다. 몇 가지 항목에 대해서는 매입세액공제를 해주지 않고 있습니다.

사업과 직접 관련 없는 매입세액

김자전 씨처럼 애들 학원비로 사용한 금액은 사업과 관련 없는 비용으로 세액공제가 되지 않습니다. 사업과 관련해서 지출한 비용만 매입세액공제를 해주고 있습니다. 예를 들어 사장님이 개인 취미생활로 서핑보드를 구입하고 동해바다로 다녀오면서 쓴 비용은 공제 되지 않습니다. 자녀에게 인터넷 게임용 노트북을 구입해 준 것에 대해서는 사업과 관련이 없다고 보아 공제를 해주지 않습니다.

그리고 사장님이 먹는 식사비용을 신용카드로 결제해도 부가가치세를 공제해주지 않습니다. 직원과 회식이 아니라면 사장님의 음식값은 일을 하지 않아도 지출되는 개인 비용으로 보기 때문입니다.

비영업용 승용차의 구입과 유지비

회사에서는 직원들 출퇴근용으로 쓰거나 거래처를 방문하기 위해 승용차를 구입합니다. 자동차 없이 지하철이나 버스를 타고 영업을 하러 다니거나 거래처에 방문한다는 건 쉬운 일이 아니죠. 그래서 차량을 구입하여 회사 업무용으로 쓰는 경우가 많은데 어떤 차종은 부가가치세 공제가 되고 어떤 차종은 공제가 안 된다고 얘기를 하니 많이 헷갈려 합니다.

"실제로 업무에 사용한 차량에 대해서는 부가세 공제를 다 해줘야 하는 거 아냐?"

"거래처 왔다 갔다 하는데 들어가는 기름값이 얼마인데 왜 부가세 공제를 안 해주는 거지?"

이렇게 불만을 얘기하는 사장님이 많습니다.

저도 당연하다고 생각합니다. 다만 부가가치세법을 만들면서 매입세액공제를 전부 다 해주면 이런 것을 악용하는 사례가 생길 거라 여겨 몇 가지 항목은 공제해 주지 않습니다.

대표적인 것이 승용차입니다. 1977년 부가가치세법을 시행할 때만 해도 승용차는 사치품이었습니다. 대부분 사업자나 시민들은 대중교통을 이용하거나 걸어 다니던 시절이었습니다. 개인이 승용차를 갖고 있으면 업무용으로만 쓰지 않고 개인적으로 여행을 가거나 집에서 사용하는 경우가 많았습니다. 또 승용차를 업무용으로 따로, 가정용으로 따로 구입해서 쓸 형편이 아니었습니다. 그러다 보니 가정에서 주로 사용하는 승용차 구입 비용을 사업에 썼다고 보아 부가가치세 공제를 해주기 어려웠습니다. 그렇게 세월이 흘러 모든 승용차에 대해서 매입세액 공제를 해주지 않다가 소형차량의 사용을 권장하는 추세에 따라 경승용차(1000cc 미만)를 사거나 유지하는 비용에 대해서는 공제를 해주고 있습니다. 화물차나 버스 등은 대부분 사업에 사용하기 때문에 당연히 공제를 해주지만 화물을 실내에 적재할 수 있는 밴 승용차는 공제를 해주지 않습니다.

기업업무추진비(접대비) 지출과 관련된 매입세액

과거 우리나라에서 사업을 하려면 접대를 안 하고는 일이 안되던 시절이 있었습니다. 사업상 접대를 하는 것이 당연하다 보니 접대비용이 물품 가격에 포함되면서 판매 가격을 높이는 부작용이 생겨났습니다. 대부분 접대비는 유흥으로 소비, 지출되어 국가에서도 사업상 접대하는 것을 권장하지 않았습니다. 그래서 접대비와 관련된 지출에 대해서는 부가가치세를 공제 해주지 않고 있습니다.

이외에도 토지, 농축산, 의료, 출판 등 면세사업과 관련한 매입세액이나 사업자등록증을 내기 전에 지출한 일부 비용에 대해서는 공제를 해주지 않고 있습니다. 이런 부분은 부가가치세만 매입세액공제를 못 받는 것이지 사업에 쓰인 비용이기에 소득세나 법인세 지출경비로 반영할 수 있습니다.

Summary

부가세 공제 되는 것	부가세 공제 안 되는 것
- 사업과 관련된 구입비용	- 사업과 관련없는 구입비용 - 승용차 구입과 유지비 - 기업업무추진비 (접대비) - 면세 사업자로부터 구입비용 - 간이과세자로부터 구입비용 - 적격증빙 없는 구입비용

06

기업업무추진비(접대비)는 얼마까지 쓸 수 있을까?

Q 거래처에 선물하고 싶은데 얼마까지 해도 되는지 궁금합니다.

A 거래처에 선물하거나 식사를 같이하는 경우 기업업무추진비(접대비)로 처리를 할 수 있습니다. 기업업무추진비(접대비)는 법에서 정한 범위가 따로 있습니다.

3만 원 이상 기업업무추진비(접대비)는 증빙을 갖춰야!

사업을 하기 위해 지출되는 비용 중에 기업업무추진비가 빠질 수 없습니다. 거래처 미팅을 할 때 식사라도 하거나 커피 한 잔 마신다면 이때 비용을 기업업무추진비로 처리합니다. 직원들과 식사를 하는 비용은 복리후생비로 처리하는데 반해 특정인에게 사용되는 비용은 기업업무추진비입니다. 기업업무추진비는 음식점, 술집에서 먹는 비용과 선물, 사례비 등 다양합니다. 보통 사례비로 상품권을 사업자 신용카드나 법인카드로 사서 주는 경우가 있는데 상품권도 기업업무추진비로 처리 가능합니다. 하지만 너무 큰 사례금을 상품권으로 주게 되면 나중에 사용처를 밝혀야 하는 당혹스러운 상황이 생길 수 있습니다.

기업업무추진비로 인정받기 위해서는 적격증빙을 반드시 챙겨놓아야 합니다. 적격증빙은 세금계산서, 신용카드영수증, 현금영수증 등을 말합니다. 기업업무추진비 금액이 3만 원이 넘어가면 무조건 위에 해당하는 증빙이 있어야 비용처리가 가능합니다. 가령 거래처에 주기 위해 30만 원짜리 홍삼 세트를 가게에서 현금으로 사고, 현금영수증을 안 받았다면 비용처리가 안 됩니다. 여기서 비용처리가 안 된다는 것은 회계 장부상 안 되는 게 아니라 세금 신고할 때 인정이 안 된다는 뜻입니다. 회사에서는 손익계산서에 비용으로 반영해서 처리하더라도 세무 신고 때는 인정이 안 되니 아까운 세금이 더 나오게 되겠죠.

일 년간 사용할 수 있는 기업업무추진비(접대비) 금액은

기업업무추진비는 일 년간 사용할 수 있는 범위가 정해져 있습니다. 보통 중소기업은 기본적으로 3,600만 원을 한도로 처리 가능합니다. 중소기업이 아니라면 일 년에 1,200만 원이 기본입니다. 여기에 해당 연도의 매출에 따라 한도를 늘려주고 있습니다.

매출	적용률	특수관계자거래
100억 원 이하	0.3%	산출한 금액의 10%
100억 원 ~ 500억 원 이하	2천만 원 + 100억 초과분 0.2%	
500억 원 초과	6천만 원 + 500억 초과분 0.03%	

예를 들어 중소기업 사장님이 1년간 사업을 하면서 매출액이 300억 원일 경우를 가정해 보겠습니다.

3,600만 원 × 12/12개월 + (100억 × 0.3%) + (200억 × 0.2%) = 3,600만 원 + 3,000만 원 + 4,000만 원 = 1억 6백만 원이 기업업무추진비 한도액입니다.

기업업무추진비 중에 공연이나 전시, 박물관 입장료, 국민체육진흥법에 의한 체육활동 입장권, 영화, 음반, 비디오, 서적 및 출판물 구입 등 문화산업과 관련하여 지출한 기업업무추진비는 한도액이 늘어납니다. 일반 기업업무추진비 한도액의 20% 범위까지 비용으로 인정받을 수 있습니다. 예를 들어 회사의 일반 기업업무추진비 한도액이 3,600만 원이라면 여기의 20%인 720만 원에 대해서 문화 관련 기업업무추진비를 추가로 쓸 수 있습니다. 이렇게 되면 총 4,320만 원 한도로 기업업무추진비를 처리할 수 있습니다. 문화산업을 육성하고 기업업무추진비를 건전하게 사용하도록 유도하기 위한 정책이어서 회사에서 많이 활용하면 좋을 듯합니다.

특정인에게 지출한 비용은 기업업무추진비(접대비)로

간혹 내가 쓰는 비용 중에 광고선전비, 판매장려금, 판매수당 등이 기업업무추진비인지 아닌지 혼란스러울 때가 있습니다. 기업업무추진비에 해당하면 한도에 걸려서 비용을 인정받지 못하게 되는 상황이 생기기 때문입니다. 이 경우 특정 거래처에만 지급한다면 기업업무추진비가 되고, 불특정 다수에게 지급하는 경우라면 광고선전비, 판매장려금 등으로 생각하면 됩니다.

　기업업무추진비를 신용카드로 사용할 경우 법인과 개인사업자 간에는 약간 차이가 있습니다. 법인의 경우에는 무조건 법인카드로 사용해야만 기업업무추진비로 인정이 되고 대표자의 개인카드로 지출하면 기업업무추진비로 인정이 되지 않습니다. 이런 경우에는 대표자가 개인적으로 쓴 비용이지 회사의 기업업무추진비는 아니라는 겁니다. 그러나 개인사업자는 개인카드로 사용한 비용뿐만 아니라 가족 및 종업원 카드로 사용해도 기업업무추진비로 인정받을 수 있습니다.

07

전자세금계산서는 꼭 발행해야 하나요?

Q 사업을 처음 하는데 세금계산서를 발급하는 경우가 생겼습니다. 예전 사업하던 분에게 물어보니 문방구에서 세금계산서 용지를 구입해서 팩스로 보내라고 하네요. 요즘은 전자세금계산서가 편리하다고도 하는데 어떻게 해야 하나요?

A 사업자끼리 거래를 하게 되면 세금계산서를 발급하거나 받아야 합니다. 전자세금계산서는 일정 규모 이상의 사업자만 의무적으로 발행하는 제도입니다.

부가가치세의 시작과 세금계산서 사용

사업자 간에는 거래 후에 매출 매입을 확인할 수 있는 세금계산서를 발행하여야 합니다. 세금계산서란 물건을 판 사업자나 서비스를 제공한 사업자가 부가가치세를 포함한 거래를 하였다는 것을 증명하는 서류입니다. 이 서류를 근거로 매출세액 및 매입세액을 파악하여 국세청은 과세자료로 사용하고 납세자는 부가가치세를 납부하게 됩니다. 우리나라의 부가가치세 제도는 1976년 세제개편으로 제정되어 1977년 7월 1일에 시행되었습니다. 지방세였던 유흥음식세가 흡수되고 영업세, 물품세 등의 세목이 폐지되면서 만들어졌습니다. 이때 부가가치세를 징수하기 위해 도입한 세금계산서 제도가 현재 사용되고 있습니다. 오랫동안 종이로 주고받던 세금계산서가 인터넷의 발달과 전자 문서의 보급으로 변화했습니다. 이것이 전자세금계산서 제도입니다.

전자세금계산서 의무 발행 기준은

전자세금계산서 발급은 2010년부터 시행되었습니다. 현재 법인사업자는 의무적으로 전자세금계산서를 발행해야 합니다. 그렇지 않으면 공급가액의 2%에 해당하는 전자세금계산서 미발급 가산세를 물어야 합니다. 개인사업자는 규모가 영세한 경우 전자발급시스템을 사용하기 어려워 일정 규모 이상의 사업자에게만 의무화하고 있습니다. 직전 연도 과세 공급가액과 면세 공급가액의 합계액이 1억 원 이상인 경우에 의무적으로 발행하고 있습니다. 개인사업자는 단계적으로 의무발행대상을 확대하고 있습니다. 2023년 7월부터는 직전 연도 공급가액 1억 원 이상으로 확대되고 2024년 7월부터는 직전 연도 공급가액 8천만 원 이상으로 변경됩니다. 개인사업자들의 전자세금계산서 발급을 유도하기 위해서 세액공제제도가 신설됐습니다.

개인사업자의 현행 직전 연도 공급가액 1억 원 기준에 관해서 사례를 들어보겠습니다.

구분	총[1] 수입금액	과세 공급가액	면세분 수입금액	전자계산서 발급의무 여부
사례1	8천만 원	8천만 원	-	발급의무 ○ (총수입금액이 8천만 원 이상)
사례2	8천만 원	-	8천만 원	발급의무 ○ (총수입금액이 8천만 원 이상)
사례3	8천만 원	4천만 원	4천만 원	발급의무 ○ (총수입금액이 8천만 원 이상)

전자세금계산서를 발급하려면 전자세금계산서용 공동인증서나 사업자 범용 공동인증서가 있어야 합니다. 간혹 전자세금계산서 발행을 은행용 공동인증서로 하다가 안 되어 연락을 주는 사장님이 있습니다. 인터넷뱅킹용 은행 공동인증서랑 다르기 때문에 전자세금계산서용 공동

인증서를 별도로 발급받아야 합니다. 공동인증서 발급이 어려운 경우에는 세무서에 방문하여 보안카드를 발급받아 홈택스에서 보안번호를 입력하는 방법으로 전자세금계산서를 발급할 수 있습니다.

전자세금계산서용 공동인증서 발급방법
① 은행에서 기업계좌 개설 후 인터넷뱅킹가입, OTP발급
② 사무실에서 주거래 은행 홈페이지 인증센터 접속
③ 기업 공동인증서 발급 후 추가로 전자세금계산서용 공동인증서 발급

08

해외 출장 가서 사용한 비용은 어떻게 하나요?

Q 이번에 해외 출장을 캄보디아로 다녀오면서 숙박비 등 여행경비를 썼는데 비용처리는 어떻게 해야 하나요?

A 해외에 업무차 사용한 경비는 사업과 관련된 경비로 비용처리가 가능합니다. 해외에서 사용하고 받은 영수증들을 모아야 합니다.

서울대학교 OOO교수는 해외 출장을 간다는 명목으로 학교에 출장비를 청구하였습니다. 허위로 초청 이메일을 작성해 학교에 제출하는 방법으로 해외 출장 허가를 받았습니다. 이런 방식으로 최소 1억 6천만 원의 여비와 연구활동비를 횡령한 것으로 감사 결과가 나왔습니다.

(인용기사 : 출장비 슬쩍슬쩍 하다……. 추락한 서울대 유명 교수, 조선일보, 2018.11.29.)

해외출장비는 출장지에서의 행적 등을 면밀히 증명하기 어렵고 그 출장 허가에 관련된 서류의 진위도 파악하기 어렵습니다. 만약 대표자가 해외출장비를 개인적인 용도로 사용하게 되면 이때 발생한 출장비에 대해 회사는 비용처리를 할 수 없습니다.

해외출장비를 인정해주는 기준

법인세법과 소득세법에서 해외출장비를 인정해 주는 기준이 있습니다. 그것은 해외여행이 회사의 업무 수행에 통상 필요하다고 인정되는 부분에 한정하고 있습니다. 다만, 해외여행의 전체 기간 동안 부당하게 과다 사용된 금액이 아닌 사회 통념상 합리적인 기준의 금액이라면 해외여행시 사용한 모든 금액을 사업장의 비용으로 처리할 수 있습니다. 이런 기준을 벗어난 금액은 법인의 경우 원칙적으로 해당 임직원의 급여로 보고 월 원천징수 대상 급여액이나 연말정산 근로소득으로 반영해야 합니다. 개인사업자는 업무와 관련 없는 여행경비로 보고 비용 인정을 해주지 않습니다.

해외 숙박플랫폼 결제내역을 보관해야

해외 출장 중에 항공료는 항공 티켓을 증빙으로 보관하여야 하고 숙박비는 호텔 영수증 또는 에어비앤비, 아고다, 호텔스닷컴 등의 플랫폼 결제 내역을 모아야 합니다. 식사할 때도 해외 식당에서 영수증을 받아야 합니다. 그런데 해외에서 쓰는 교통비, 숙박비, 식비 등이 우리나라처럼 영수증을 잘 받을 수 있는 장소가 아닌 곳이 많아 증빙 처리가 어려울 수 있습니다. 그래서 지출증빙서류의 수취 특례라고 해서 해외 출장에서 쓴 비용에 대해서 2%의 가산세를 부과하지 않고 있습니다. 영수증이 없다고 하더라도 회사에 제출한 사용내역서나 품의서 등 확인할 수 있는 서류가 있다면 비용으로 인정해 주겠다는 취지입니다. 그렇다고 무작정 다 인정해 주는 것은 아닙니다. 거래 사실을 입증할 수 있는 객관적인 서류를 갖춰야 합니다. 출장 관련 보고서나 환전내역, 현지에서 사용한 각종 증빙 등으로 누가 봐도 출장비로 지출했다고 여겨지는 서류를 보관하여야 합니다.

자칫 해외 출장비가 과다하게 지출되거나 개인적인 여행 용도로 사용하는 것이 확인되면 직원에게는 근로소득세로 추징을 하고 회사는 업무와는 무관한 경비로 인해 비용처리가 안 될 수도 있습니다. 관련 증빙 또는 객관적인 서류를 잘 작성하고 보관하여야 합니다.

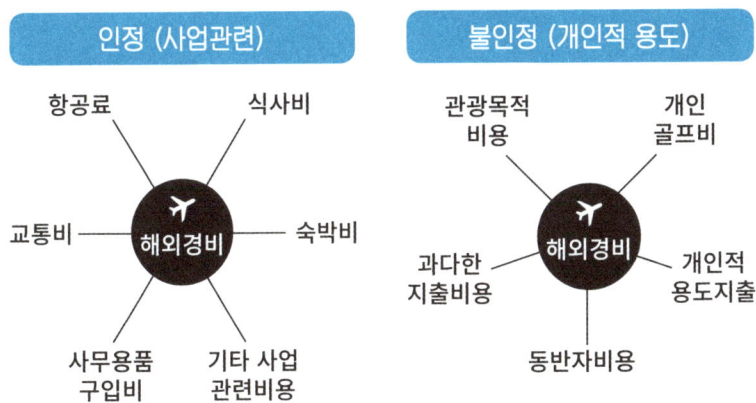

09

승용차 구입은 리스, 렌트, 할부 중에 어떤 게 좋을까요?

Q 사업을 하다 보니 업무용 승용차를 구입할 일이 생겼습니다. 주변에 물어보니 리스가 낫다거나 렌트가 낫다는 등 의견이 많아서 고민입니다.

A 사업에 쓸 승용차를 구입할 때는 여러 가지 방법이 있습니다. 어느 게 낫다고 단정할 수는 없습니다. 본인의 상황에 맞게 선택하셔야 합니다.

"업무용 승용차를 한 대 사려고 하는데 어느 게 유리할지 고민이네요"

"네. 그렇군요. 자동차는 업무에 사용할 경우 경비처리가 됩니다. 요즘은 리스를 이용하시는 분들이 많습니다."

"그럼 리스로 구입하는 게 유리한 건가요?

"리스나 할부 구매나 여러 면에서 따져봐야 합니다."

"요즘 렌트차량도 이용하면 좋다는 데 고민이네요."

사업에 쓸 차는 비용처리 된다

차를 산다는 것은 회사에서 큰돈이 들어가는 일입니다. 업무용으로 사용할 차량이지만 가격대가 천차만별이라 선뜻 구입하기가 어렵습니다. 그래서 주변에 물어보고 인터넷 블로그의 차 리뷰도 봅니다. 마음에 드는 차종이 생기면 그때부터는 어떤 방식으로 구입해야 하나 고민을 시작합니다.

우선 회계적인 관점에서 말씀드리면 업무용으로 쓰는 차는 회사 경비처리가 가능하므로 리스, 렌트, 할부 등 구입에는 크게 문제가 없습니다. 회사에서 장부를 만들어서 경비처리를 해주면 됩니다. 세무적으로는 부가가치세와 소득세(법인세)를 낼 때 경비로 인정되느냐입니다. 부가가치세 문제는 다음 장에서 설명해 드리고 소득세 측면에서 비용

여부를 알아보겠습니다.

　업무용으로 구입하는 차량은 어떤 방식으로 구입하더라도 비용처리가 가능합니다. 리스는 계산서나 영수증을 받은 부분에 대해서, 렌트는 세금계산서를 받은 부분에 대해서 처리 가능합니다. 할부나 현금으로 구입하였을 때는 자산의 감가상각 방법으로 비용처리를 합니다.

　예전에는 차량 구입금액에 관계없이 모두 비용처리가 가능해서 고액의 차량을 구입할수록 비용처리가 많이 되었습니다. 예를 들어 1억짜리 승용차를 사면 5년간 감가상각을 통해 매년 평균 2천만 원씩 비용처리를 할 수 있었습니다. 2억짜리 승용차라면 매년 평균 4천만 원이겠지요. 차량은 정률법으로 초기에 더 많은 감가상각비가 적용되어 이익이 많이 날 때는 차를 구입하면 절세에 도움이 되었습니다. 이런 고액의 차를 타는 사업자들은 소득세율 구간도 높으므로 소득세를 낼 바에는 비싼 차를 타는 게 개인적인 효용 증가가 더 컸습니다. 여기에 리스는 계약 기간이 보통 3년 정도로, 짧은 기간 비용처리를 많이 할 수 있어 절세가 되었습니다. 그러나 현재는 이런 부작용을 막기 위해 승용차 가액에 대해서는 일 년간 800만 원 한도로 비용처리를 해주고 있습니다. 비싼 승용차를 구입하더라도 매년 감가상각하는 비용 금액이 800만 원 한도로 정해집니다.

그리고 리스나 렌트는 차량 소유가 리스회사나 렌트회사입니다. 건강보험의 경우 사장님이 직원 없이 혼자 사업을 운영하면 직장가입자가 아닌 지역가입자가 되는데, 리스나 렌트차량을 사용하면 건강보험료가 올라가지 않습니다. 지역가입자인 상황에서 승용차를 현금이나 할부로 구입하면 재산 기준이 늘어나 보험료가 추가되는데 반해 리스나 렌트로 사용할 때에는 차량 소유가 리스회사이기에 건강보험료가 추가되지 않는 장점이 있습니다.

현금, 할부, 렌트, 리스는 비교해서 구입해야

현금, 할부, 렌트, 리스 방식의 구입은 비용처리에 연간 한도금액이 있다 보니 세금 측면보다 사장님의 취향이나 편의성에 따라 구매 방법을 정하고 있습니다. 보통 현금 구입이나 할부가 리스나 렌트와 비교해서 유리하다면 현금·할부를 선택하여야 합니다. 여기에 총비용이 더 적게 드는 쪽을 선호하는 사장님은 아무래도 현금 구매가 나을 수 있습니다. 승용차를 자주 바꾸는 걸 선호하는 사장님은 A/S 보증기간이 남아 있는 기간 내에 리스로 교체하는 게 유리합니다. 렌터카는 렌터카 회사 명의이기에 자동차보험은 렌터카 회사 명의로 가입이 됩니다. 그래서 사고가 나더라도 나의 자동차 보험료는 할증되지 않습니다. 다만 렌터카 회사의 이용자가 사고를 내면 렌터카 회사의 보험료율이 올라갑니다.

[현금·할부, 렌트, 리스 비교표]

구분	현금, 할부	렌트	운용리스	이용자명의 운용리스
차량명의	본인	렌트회사	리스회사	리스회사
자동차보험	본인	렌트사	본인	본인
자동차보험경력	경력유지	경력단절	경력유지	경력유지
연간거리제한	없음	있음	있음	있음
경비처리	감가상각	렌트료	리스료	리스료
세금계산서수령	가능	가능	불가능 (계산서)	가능 (차량 제조사명의)
번호판	일반	허,호,하	일반	일반
정비	이용자정비	선택가능	선택가능	선택가능
사업자비용처리	가능	가능	가능	가능
사업자 부가세환급	경차, 9인승이상 승합차	경차, 9인승이상 승합차	불가능	경차, 9인승이상 승합차
취득세	본인	렌트사	리스회사 (등록면허세는 본인)	리스회사 (등록면허세는 본인)
취득세면제	감면대상이면 가능	감면대상이라도 불가	감면대상이라도 불가	감면대상이라도 불가

비용으로 처리하는데 한도가 있어

앞서 잠깐 설명했듯이 2016년 이후부터는 고가의 차량이 소득세를 비정상적으로 감소시키는 일을 줄이기 위해 매년 경비처리를 할 수 있는 한도를 두었습니다. 현재는 승용차에 대해서 연 800만 원까지 경비처리를 할 수 있습니다. 할부로 구입하거나 렌트 또는 리스를 이용하는 경우에도 동일하게 한도 적용을 받습니다. 한도를 초과한 비용은 5년이 지난 이후부터 차를 처분할 때까지 매년 800만 원 한도로 비용처리가 됩니다.

> 예시) 1월 1일에 7,000만 원짜리 승용차 할부 구입
> 1년간 감가상각비 1,400만 원이지만 한도에 걸려
> 800만 원 만 비용처리 (정액법, 5년)
> 나머지 600만 원은 5년이 지나면 비용처리 가능
> (복식부기의무자이며 운행일지 작성할 경우)

> 예시) 1월 1일에 월 리스료 100만 원짜리 승용차 리스 가입
> 1년간 리스료 1,200만 원 지출했지만 한도에 걸려
> 800만 원만 비용처리
> 나머지 400만 원은 5년이 지나면 비용처리 가능
> (복식부기의무자이며 운행일지 작성할 경우)

그리고 유류대, 보험료, 수리비, 자동차세, 통행료, 승용차 금융리스에 대한 이자비용 등을 포함해서 1대당 총 1,500만 원까지 경비처리가 가능합니다. 이 금액 이상을 지출한다면 차량운행일지를 작성해서 보관하면 추가로 더 경비처리할 수 있습니다.

10
부가가치세 매입세액공제가 되는 차량의 종류가 궁금합니다.

Q 회사에서 차를 구입할 때 부가가치세가 공제되는 차종이 있다고 들었습니다. 어떤 차를 구입해야 매입세액공제가 되는지요?

A 맞습니다. 회사에서 업무용으로 구입하는 차량에 대해서 구입비와 유류비 등을 매입세액에서 빼주는 차종이 있습니다.

부가가치세 공제되는 차는 따로 있어

보통 회사에서 사용하는 차량은 업무용 차량이라고 말합니다. 경리부서가 타든 영업부서가 타든지 상관없이 업무에 사용하기 때문에 법인세, 소득세에서 경비처리할 수 있습니다. 그러나 부가가치세에서는 업무용으로 사용하더라도 매입세액으로 공제를 해주는 차종이 별도로 있습니다. 운반용 화물차는 당연히 사업에 사용하기 위해서 구입하지만 승용차는 회사용으로 쓰는지 알기가 어렵습니다. 업무용 승용차로 구입한다고 하더라도 대부분 사장님과 가족이 타다 보니 사업과 관련되는지가 명확하지 않습니다. 그래서 경차를 제외한 승용차 구입비는 부가가치세 매입세액 공제를 해주지 않고 있습니다.

매입세액 공제되는 차종은

매입세액을 공제하지 않는 대상은 승용차 구입비와 그 유지에 사용된 비용으로 유류대와 정비비, 자동차보험료 등도 포함됩니다. 예전에는 국내 차종이 많지 않던 때라 세무서에서 차종으로 구분하기보단 경유를 쓰는지, 휘발유를 쓰는지로 구분해서 매입세액을 공제해 주었습니다. 아직 전산화가 되지 않았을 때라 구매 차량의 종류를 파악하기 힘들었습니다. 그래서 경유를 넣는 승용차가 없던 시절에는 모든 승용차는 당연히 휘발유를 넣는다고 생각해서 실무적으로 경유는 공제해 주고 휘발유는 공제해 주지 않았습니다. 그러다 경유로 가는 승용차가 개발되어 판매하면서 기름 종류로 공제 여부를 구분하는 게 의미 없어졌습니다. 그래서 현재는 경유를 사용하더라도 차종으로 구분해서 매입세액 가능 여부를 파악하고 있습니다.

매입세액 공제가 되는 차종은 1,000cc 미만의 경차와 픽업트럭인 소형 화물차, 9인승 이상의 차량(화물차 포함)만 가능해졌습니다. 여기에 해당하지 않는 승용차는 매입세액 공제가 되지 않습니다.

하지만 승용차를 가지고 영업을 하는 사업자들도 있으므로 영업용으로 쓰는 승용차는 특별히 매입세액 공제를 해줍니다. 가령 운전면허학원에서 쓰는 승용차나 보안업체의 출동용 승용차 등입니다. 법에서 정한 영업용 차들은 할부로 구매, 렌트 또는 이용자명의 운용리스로 구입하는 경우에도 해당 차량에 대해서 매입세액 공제가 가능합니다.

〈공제 가능 차량 예시〉

◎ 경차 : 캐스퍼, 아토스, 모닝, 레이, 레이EV, 비스토, 마티즈, 스파크, 다마스 등
◎ 전기경차 (국내 경차와 동일 규격) : 마이브 M1, 캠시스, 에디슨 EV, 르노 트위지 등
◎ 9인승 이상 : 산타모, 트라제XG, 그랜드스타렉스, 카니발 9인승, 프레지오, 투리모스 등
◎ 화물차 : 포터, 봉고 트럭, 콜로라도(5인승), 엑티언스포츠(5인승), 무쏘 등

Summary

매입세액 불공제 차량	매입세액 공제 차량
1. 8인승 이하 승용차(SUV 포함) 2. 캠핑용자동차 　(캠핑용 트레일러 포함) 3. 125cc 초과 오토바이	1. 9인승 이상 승용차, 승합차 2. 배기량 1,000cc 이하인 경차 3. 길이가 3.6m 이하, 　폭이 1.6m 이하인 전기차 4. 화물자동차, 실외 VAN형 차량 5. 125cc 이하 오토바이

QUIZ 외국 픽업트럭은 부가가치세 매입세액공제가 될까?

네, 가능합니다. 픽업트럭은 짐칸의 덮개가 없는 소형트럭을 말합니다. 우리나라에는 쌍용 스포츠 칸이 있습니다. 외국 브랜드는 지프 글래디에이터, 포드 랩터, 쉐보레 콜로라도, GMC 시에라 등이 수입되었습니다. 픽업트럭은 소형화물차로 분류되어 개별소비세 대상이 아닙니다. 따라서 부가가치세 매입세액공제가 가능합니다. 다만 고가의 픽업트럭은 업무용으로 쓰기보다 개인용도나 캠핑용으로 쓰기 때문에 사업과 관련 없는 비용이라고 세무서는 봅니다. 사업 관련 여부를 잘 입증해야 매입세액공제를 받습니다. 그렇지 않다면 매입세액공제를 신청하지 않아야 합니다.

11

가짜 세금계산서는
절대 하면 안 돼요

Q 부가가치세신고할 때가 되니 세금이 너무 많이 나오는 것 같습니다. 주변에서는 세금계산서를 파는 업체들도 있다고 하는데 이것을 구입해도 되는지요?

A 세금계산서가 남아서 판다고 하는 업체들이 간혹 주변에 있습니다. 당장 세금을 줄이기 위해 손을 댔다가는 나중에 큰일이 생길 수 있으니 가짜 세금계산서는 구입을 안 하는 게 좋습니다.

> 서울서부지검 형사 4부는 가짜 세금계산서를 발행한 연 씨를 특정범죄 가중처벌 등에 관한 법률 위반으로 구속하고 알선책인 장 씨 등 2명을 조세범처벌법 위반 혐의로 구속 기소하였다. 연 씨는 4년간 페이퍼컴퍼니를 운영하며 공급가액 332억 원 상당의 허위 세금계산서를 자영업자에게 발급해 주었다. 매입 비용을 부풀려서 소득세나 부가가치세를 줄이려고 했던 자영업자들은 이들로부터 지정받은 계좌로 공급가액의 4~10%에 해당하는 수수료를 입금하고 세금계산서를 수취했다. 이들로부터 가짜 세금계산서를 받은 사업자 중에는 인터넷에 '맛집'으로 소개된 갈빗집, 중식당 등 매출이 큰 사업자들도 있었다.

심심치 않게 뉴스에 나오는 내용입니다. 사업을 하는 입장에서는 세금도 비용이기 때문에 줄이고 싶은 유혹이 있습니다. 그때 거래하던 업체 사장님이 "내가 아는 곳이 있는데 세금계산서가 남아서 어디에 줄 수 있다네. 혹시 생각 있어?"라고 얘기하면 귀가 솔깃해집니다.

"거긴 현금매출이 많아서 매입 자료가 남는다네. 받아도 문제없을 거야. 수수료로 7% 정도 주면 어차피 이익이잖아. 부가세 10% 안 내도 되고 소득세도 줄어들고……."

이러면 이익을 볼 것 같아 받고 싶은 마음이 드는 게 인지상정일 겁니다. 과거에는 빈번하게 거래되던 가짜 세금계산서가 횡행했지만, 요즘은 세금계산서도 전자 문서로 되었고 예전처럼 현금매출을 누락하면서 남는 세금계산서를 다른 사람들에게 파는 경우도 줄었습니다. 실제 거래가 없이 가공으로 세금계산서를 거래하는 경우는 점차 줄어들고 있습니다. 이런 거래를 하자고 제안한다면 분명 좋은 의도로 접근하는 건 아닐 겁니다. 불법적인 거래는 세무당국에 걸렸을 경우 불이익이 클 뿐 아니라 검찰 조사로 구속까지 당할 수 있습니다.

가공세금계산서 거래는 위험

국세청은 금액 기준이 바뀌기는 하지만 보통 가공세금계산서가 3억~5억 원이 넘으면 검찰청에 고발조치를 하고 있습니다. 발행한 사람뿐만 아니라 받은 사업자도 구속될 수 있습니다. 특히 매입세금계산서가 가공으로 밝혀질 경우 매입금액이 부인되어 부가가치세와 소득세를 추징당하게 되고 부당하게 세금을 탈루한 혐의로 가산세가 산출세액의 40%로 부과됩니다. 몇 년 지나서 세무조사 등을 통해 추징을 당할 경우 비용 처리한 금액만큼 세금으로 추징을 당할 수도 있으니 가짜 세금계산서는 아예 처음부터 안 받겠다고 생각해야 합니다. 세금을 줄일 수 있는 합법적인 방법을 통해야 지속 경영을 해나갈 수 있습니다. 요즘은 창업 관련 세액공제나 고용지원금 등 사업자에게 혜택을 주는 제도들이 많으니 전문가와 상의해서 세금도 줄이고 사업에 도움을 받으시기 바랍니다.

부가세조사자와 거래내역 조회 (발송번호: NO. 6)

안녕하십니까? 그동안 납세의무 이행에 부단히 협조하여 주심에 감사의 말씀을 드립니다.
아래 사업자는 부가가치세 조사를 진행 중에 있습니다.
이와 관련하여 신고내역을 검토한 바, 아래와 같이 귀 사업장과의 거래내역이 있어 사실관계를 확인코자 하오니 당시 세금계산서를 수취 및 교부하게 된 경위를 붙임 질의서에 의거 작성하시어 2022년   월   일까지 세무서 조사과 조사3팀에 거래사실을 증빙할 일체의 서류(세금계산서, 거래명세표, 거래처원장, 대금지급 금융증빙, 기타 거래를 확인할 수 있는 서류 등)를 첨부하여 팩스, 우편, 또는 E-mail로 제출하여 주시기 바랍니다.
아래 거래에 대한 소명이 없을 경우 거래 내역이 없었던 것으로 판단 귀하의 관할 세무서에 과세자료로 통보되어 과세하게 되므로 기한 내 제출하시어 불이익을 당하는 일이 없도록 유의하시기 바랍니다.

□ 자료상 혐의자 및 소명처와의 거래내역 [단위 : 천원]

거래처 인적사항(조사대상자)			거래시기	매출매입 (소명처기준)	소명처 본인		조사대상자		비고
사업장	상호 (사업주)	사업자번호			건수	금액	건수	금액	
			17.07~ 18.12	89,130,000					
				계					

※ 상기 안내문과 관련하여 문의사항이 있으시면
       세무서 조사과 조사3팀 (☏   , FAX   )에게 문의하시기 바랍니다.
(오후에는 출장인 경우가 많으니 전화문의는 가급적 오전에 연락 주시면 고맙겠습니다.)

2022년   월   일

  세 무 서 장 (관인생략)

비용을 제대로 처리해야 세금 뒤통수 안 맞는다   121

" 인생을 사랑한다면
시간을 낭비하지마라.
왜냐하면 인생이란
시간 그 자체이기 때문이다. "

．
．
．
．
．

벤자민 프랭클린

PART 3
인건비 제대로 관리하는 법

01

인건비 원천징수가
무엇인가요?

Q 매장에 직원을 뽑았습니다. 인건비를 경비처리하려면 별도의 영수증을 발행해야 하는지 잘 모르겠네요. 4대 보험 신고도 하라고 하는데 방법을 알려주세요.

A 직원을 뽑게 되면 월급을 지출하게 됩니다. 월급이나 일당으로 지급하는 금액은 소득세 신고 때 경비로 인정받을 수 있는데 세무서에 원천징수 신고를 해야 반영할 수 있습니다.

회사에서 새로운 행사를 하거나 갑자기 주문이 늘어 사람이 더 필요할 때가 있습니다. 알바몬, 알바천국 같은 구직 사이트에서 단기로 일할 사람을 구하기도 합니다. 사람을 쓰고 지불하는 비용도 엄연히 사업을 위해 지출한 돈인데 어떻게 세무처리를 할 수 있을까요?

우선 사람을 쓸 때 인건비 처리하는 방법은 세가지로 분류합니다.

첫 번째가 단기로 일하는 아르바이트생이고, 두 번째가 매월 정기적으로 일하는 직원이고, 세 번째는 프리랜서로 일하고 지급하는 방식입니다. 우리는 대부분 이 세 가지 형태의 고용을 그냥 직원이라고 통칭해서 얘기하다 보니 어떻게 신고를 해야 할지 헷갈릴 때가 있습니다. 차근차근 설명하도록 하겠습니다.

우선 단기간만 일하는 사람을 뽑는 경우 보통 아르바이트생이라고 하는 경우입니다. 시간제 근무로 일을 하거나 일주일에 15시간 이하로 일을 하는 직원입니다. 이런 분들은 매달 고용·산재보험 근로내용확인서를 작성해서 근로복지공단에 제출하여야 합니다. 세무서에는 매달 일용직 근로자의 근로소득세를 원천징수했다면 원천징수이행상황신고서를 작성해서 다음 달 10일까지 신고·납부해야 합니다. 또한 매달 일용직지급조서를 작성해서 제출합니다. 요즘은 근로복지공단에 근로내용확인서를 제출했다면 세무서에 일용직지급조서를 제출하지 않아도 됩니다. 그러나 실무적으로 보면 가족 중에 일을 하더라도 근로내용확인서는 제외하고 작성해야 해서 전체 인건비 내역을 비용으로 반영하려면 일용직지급조서도 함께 제출해야 합니다.

계속 근무하는 직원일 경우

매월 일을 하는 직원을 뽑을 때는 정규직 또는 계약직으로 구인을 합니다. 정규직과 계약직의 차이점은 정규직은 근로 기간이 정함이 없는 경우이고 계약직은 언제까지 일하기로 정하는 것입니다. 근로 기간만 차이가 있을 뿐 세무신고와 4대 보험신고는 둘 다 똑같이 해야 합니다. 직원의 급여를 지급할 때는 직원이 내야 할 소득세인 근로소득세를 일정 부분 사장님이 떼어서 다음 달 10일까지 신고납부를 하는 데 이를 원천징수신고라고 합니다. 이때 또 해야 할 일은 직원의 4대 보험입니다. 근로자는 4대 보험인 국민연금, 건강보험, 고용보험, 산재보험을 적용받아야 합니다. 매월 근로자의 급여에서 일정 금액을 미리 차감 후 회사에서 한꺼번에 납부를 하는데 보통 매월 10일까지 은행이나 해당 사이트에서 납부를 합니다. 국민연금, 건강보험, 고용보험은 근로자와 사업주가 절반씩 부담을 하고 산재보험은 회사가 전액 부담을 합니다.

(2025년 기준)

	회사	직원	합계
국민연금	4.5%	4.5%	9%
건강보험	3.545%	3.545%	7.09%

장기요양보험료	사업주 부담 50%	가입자부담 50%	건강보험료의 12.27%
고용보험	0.9%	0.9%	
산재보험	0.7% ~ 18.6%	없음	

프리랜서 급여처리는

마지막으로 회사에서 업무 일부분을 맡겨서 외주를 주거나 실적에 따라 급여를 지급하는 형태가 있습니다. 보통 프리랜서라고 부르는 사업소득자입니다. 말 그대로 프리랜서는 자유로운 직업이기에 회사가 4대 보험에 가입하거나 하지 않습니다. 단순히 프리랜서의 사업소득에 대해 원천징수세액 3.3%(지방소득세 포함)를 떼고 지급을 합니다. 3.3% 원천징수한 세액은 다음 달 10일까지 세무서와 지방자치단체에 신고·납부 해야 합니다. 현재는 3.3%로 원천징수한 세액이 있을 경우에는 매월 말일까지 간이지급명세서를 세무서에 추가로 신고하고 있습니다.

원천세신고는 매월 납부하는 것이 일반적이지만 매번 신고하기 번거로울 경우 일 년에 2번 신고하는 반기납부신고를 세무서에 신청할 수도 있습니다. 인건비 신고를 누락해서 소득세나 법인세를 더 내지 않게 잘 챙겨야 세금을 줄일 수 있습니다.

인건비 신고방법
1. 단시간, 일용직 신고
2. 정규직, 계약직 신고
3. 프리랜서(사업소득자) 신고

02

4대 보험도
줄일 수 있다

Q 직원을 고용하고 나니 건강보험공단에서 보험료를 내라고 합니다. 급여에서 제외되는 비과세 항목이 있다고 하는데 궁금합니다.

A 4대 보험은 국민연금, 건강보험, 고용보험, 산재보험이 있습니다. 4대 보험료를 정하는 기준금액이 있는데 여기에서 제외하는 항목들이 있습니다.

"사장님, 남편이 직장에 다니고 있어서 저는 4대 보험이 필요 없는데 꼭 가입해야 하나요?" 음식점을 운영하는 사장님이 직원에게 주로 받는 질문 중의 하나입니다. 보통 이럴 때 사장님이 선택하는 방법은 두 가지입니다. 직원의 편의를 봐줘서 4대 보험 신고를 안 하거나 그래도 가입을 하는 경우입니다. 직원의 편의를 봐주는 건 인정상 좋긴 하지만 사장님은 법을 어기게 되는 상황이 생깁니다.

회사에서 근로자가 계속 일할 때는 4대 보험 가입을 의무적으로 해야 합니다. 직원이 원한다고 가입을 안 해줄 수 있는 선택사항이 아닙니다. 직원을 구하기 어려운 업종에서는 울며 겨자 먹기로 4대 보험을 사장님이 대신 내주는 경우도 종종 발생합니다. 이럴 때 최대한 사장님의 부담을 줄이기 위해서는 보험료에서 제외되는 비과세 항목들을 알고 있으면 도움이 됩니다.

보통 월 급여를 기준으로 보험료를 계산하기 때문에 급여에서 비과세되는 부분을 찾아서 신고하면 4대 보험료가 줄어듭니다. 근로소득세 계산할 때도 세금을 줄일 수 있기 때문에 비과세 항목을 잘 알아야 합니다. 주요 비과세 항목들을 살펴보겠습니다.

4대보험 급여계산은 소득세법의 비과세 항목에 따라 제외시켜줍니다. 소득세법이 변경되면 4대보험의 비과세 기준도 따라서 바뀝니다.

인건비 제대로 관리하는 법

① 식대

회사에서 음식을 제공해 주지 않고 식대를 급여에 지급하는 경우에는 월 20만 원까지 비과세가 됩니다. 회사의 구내식당을 이용할 수 있는 경우는 음식을 제공해 주는 것이므로 비과세에 해당하지 않습니다. 식대로 30만 원을 지급하더라도 20만 원까지만 비과세가 됩니다.

② 자가운전보조금 (차량유지비)

직원 명의 차량을 회사 업무용으로 사용하는 경우에는 월 20만 원까지 비과세해줍니다. 부부 공동 명의의 차량을 사용할 때도 적용해 주고 있습니다.

③ 보육수당 (자녀양육비)

근로자가 만 6세 이하의 자녀가 있는 경우에는 이유 불문하고 월 20만 원까지 비과세를 적용해 줍니다. 자녀가 여러 명 있다고 하더라도 20만 원만 비과세됩니다. 만약 맞벌이 부부가 있는 경우에는 부부 모두에게 20만 원씩 각각 비과세가 적용됩니다.

④ 연구보조비 또는 연구활동비 (연구소 소속 전담 연구원)

근로자가 중소기업 또는 벤처기업의 기업부설연구소와 연구개발 전담

부서에 전적으로 연구하는 연구원일 경우 월 20만 원까지 비과세가 가능합니다.

⑤ 생산직 근로자 등의 연장근로수당 등
월정액 급여가 210만 원 이하로서 직전 과세기간의 총 급여액이 3,000만 원 이하인 생산직 근로자의 연장·야간·휴일근로 수당 등은 연 240만 원까지 비과세됩니다.

 소규모 사업장에서는 인건비 신고와 4대 보험 가입을 사장님이 직접 하게 되어 비과세 항목을 놓치는 경우가 많습니다. 직원의 월 급여가 250만 원일 경우 비과세 항목을 고려하지 않고 그대로 신고하다 보면 부담하지 않아도 될 보험료와 근로소득세를 더 내게 됩니다. 요즘은 세무사 사무실에 기장을 의뢰하면 직원 입 퇴사 처리를 해주고 있어서 기본적인 비과세 항목들은 챙겨주고 있습니다. 그러나 직원 수가 여러 명으로 늘거나 건설업 또는 아웃소싱 업체처럼 다수의 인원이 빈번히 이동하는 사업장에서는 노무 업무를 전문으로 하는 노무사에게 맡기는 것이 사회보험료와 세금을 줄일 뿐 아니라 직원 관리하는 데도 크게 도움이 됩니다.
 마지막으로 보통 공단에서 보험료를 책정할 때 사용하는 급여용어가

다릅니다. 아래에 용어를 정리했습니다.

◎ 국민연금[1] : 기준소득월액, 최저 39만 원에서 최고 617만원까지의 범위로 결정 (2024. 7월 ~ 2025. 6월까지)

◎ 건강보험[2] : 보수월액, 최저 275,035원, 최고 119,625,106원까지의 범위로 결정 (직장가입자 보수월액) 최고 59,812,553원 (직장가입자의 추가 소득금액)

◎ 고용보험 : 임금총액

◎ 산재보험 : 보수총액

---

[1] 국민연금 기준소득월액 하한액과 상한액
[2] 월별 건강보험료액의 상한과 하한에 관한 고시

03

아르바이트생을 고용했을 때 세금신고는?

Q 매장에서 일할 아르바이트생을 구했습니다.
이런 경우 인건비 신고는 어떻게 해야 하나요?

A 매장에서 일하는 단기 직원을 보통 아르바이트생이라고 부릅니다. 이들은 파트타임으로 일하기 때문에 4대 보험이나 세금이 정직원과 조금 다릅니다.

식당을 운영하는 왕사장님은 홀 서빙을 하는 대학생을 고용했습니다. 학생이라 학교 수업이 끝나고 저녁 시간에 잠깐 나와서 일하는 조건이었기에 따로 신고하지 않았습니다. 이렇게 단기로 일하는 직원을 여러 명 구해서 일하다 보니 한 달에 나가는 인건비가 만만치 않게 되었습니다. 매출은 늘어서 좋은데 나중에 세금을 많이 내게 되는 게 아닌지 불안해지기 시작하였습니다.

아르바이트생 4대 보험은?

식당이나 커피숍 등에서 피크타임 때에 단기로 일하는 아르바이트생을 많이 구하고 있습니다. 적게는 하루에 2~3시간 정도 할 때도 있고 정직원처럼 8시간을 일하는 때도 있습니다. 아르바이트생, 파트타임, 일용직, 단기아르바이트생 등의 이름으로 불리는 직원에 대해서 어떻게 신고를 해야 할까요? 우선 용어부터 확인해 보겠습니다. 우리가 보통 아르바이트생이라고 부르는 직원들은 두 가지 종류로 나눠집니다. 1주일 동안의 소정근로시간이 동일 종류의 업무에 종사하는 통상근로자의 근로시간에 비해 짧은 근로자를 단시간 근로자라고 말합니다. 예를 들어 정직원은 하루에 8시간 주 5일을 근무하는 데 반해 단시간 근로자는 파트타임 형태로 하루에 4시간을 일하는 경우입니다. 이에 반해 일용직이라고 하는 경우는 통상 일반적인 근로계약이 하루 단위로 근로계약을 해서 시급 또는 일급 형태로 받는 방식입니다. 그러나 실무적으로는 혼용해서 사용하다 보니 구분이 명확하지는 않습니다.

어떤 용어를 쓰든지 일하고 급여를 지급한 부분에 대해서는 4대 보험과 근로소득세 문제가 생깁니다. 다만 근무시간이 한 달에 60시간 미만이거나 한 달에 7일 이하로 일을 하는 경우에는 국민연금과 건강보험은 부담하지 않을 수 있습니다. 이 경우 고용보험은 상황에 따라 다르지만, 산재보험은 무조건 신고를 하고 납부해야 합니다. 아무리 60시간보다 적게 일한다고 해도 세부적으로 들어가면 4대 보험을 내는 상황도 있을 수 있으므로 계속 근무하는 아르바이트생이 있다면 고용노동부 콜센터 (1350번), 노무사, 세무사에게 상담 받는 게 좋습니다.

일용직 근로자의 임금이 15만 원 넘으면 세금 계산해야

세금 측면에서는 일용직이나 단시간 근로자나 한 달간 일하고 지급한 금액에 대해서는 원천세 신고를 해야 합니다. 다만 고용이 불안하고 단기간 일하는 분들에게 일반 직원처럼 세금을 부담시키기는 어려워서 평균 일급 (월간 받은 총액 ÷ 그 월에 근무한 일수)에서 15만 원을 공제한 후 2.7%의 소득세율로 근로소득세를 부과합니다.

하루 임금이 15만 원 이하일 경우에는 아르바이트생에게는 소득세가 발생하지 않게 됩니다.

> * 소득세 계산방법 *
>
> 과세소득 - 근로소득 공제액 (15만 원)) × 일용근로소득세율 6%
> × 근로소득세공제율 (1-55%)

 일용직으로 신고하는 대부분의 아르바이트생은 과세소득이 발생하기 어렵습니다. 고액의 아르바이트나 건설 현장에서 일하는 일용직 근로자의 경우에만 하루 일당이 15만 원을 넘습니다. 이럴 경우에 일용직 근로자에 대한 근로소득세가 나옵니다. 사장님은 이분들의 일당을 지급할 때 소득세를 원천징수하고 신고하여야 합니다.

 세금을 낼 것이 없더라도 아르바이트생의 인건비를 인정받으려면 세무서에 일용근로소득 지급명세서를 제출해야 합니다. 이것은 세무서에서도 단시간 일을 하는 사람들의 소득을 파악하는 데 사용하기도 하고 사장님의 세금신고 때 경비 지출을 확인하는 데 사용합니다.

 아르바이트생을 고용했다면 매달 15일까지 고용·산재보험 근로내용확인신고서를 제출해야 합니다. 제때 제출하지 않으면 과태료가 부과되기 때문에 시기를 놓치지 말고 신고하여야 합니다. 고용·산재보험 근로내용확인신고서를 제출하였다면 세무서에 일용근로소득 지급명세서를 제출하지 않아도 가산세가 나오지는 않습니다.

 마지막으로 요즘은 아르바이트라고 해서 고용계약서를 쓰지 않으면 처벌을 받을 수 있어서 출근한 첫날에 계약서를 작성하고 보관하는 게 좋습니다. 명확하게 해두는 것이 나중에 서로 얼굴을 붉히지 않는 방법입니다.

2025 최저임금	2024 최저임금
시급 10,030원 월 2,096,270원	시급 9,860원 월 2,060,740원

1) 월급 : 주 소정근로시간 40시간 근무할 경우,
   월 환산 기준시간 수 209시간
   (주당 유급주휴 8시간 포함) 기준

04

퇴직금, 퇴직연금은 어떻게 하나요?

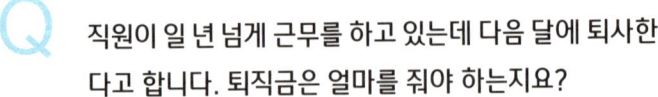

Q 직원이 일 년 넘게 근무를 하고 있는데 다음 달에 퇴사한다고 합니다. 퇴직금은 얼마를 줘야 하는지요?

A 일 년 이상 근무한 직원이 회사를 그만둘 때는 퇴직금을 지급해야 합니다. 요즘은 퇴직연금제도가 있어서 미리 가입하면 일시에 나가는 퇴직금 부담을 줄일 수 있습니다.

"사장님, 일 그만두려고 해요. 그동안 감사했습니다.
 2년간 일한 퇴직금을 정산해 주세요."

"아르바이트로 일했는데 퇴직금이라니. 그동안 고생했으니까
 아르바이트 비에 얼마 올려서 좀 더 줄게요."

"아르바이트생도 퇴직금을 받을 수 있다고 들었습니다.
 어려우시겠지만 주셨으면 합니다."

　사장님들은 아르바이트생이 일할 때 정규직이 아니므로 퇴직금을 지급하지 않아도 된다고 생각합니다. 또는 시급을 정할 때 퇴직금을 포함해서 좀 더 올려 주겠다고 말하기도 합니다. 이것도 단순히 말로만 이야기를 하고 문서로 작성해 놓지 않습니다. 하지만 아르바이트생도 1년 넘게 일을 했다면 퇴직금을 지급할 의무가 발생합니다. 다만 근로기준법은 주 40시간을 근무하는 근로자를 기준으로 적용하고 있어 이보다 적게 일할 때는 제한적으로 근로기준법이 적용됩니다. 1주일 동안 소정근로시간이 15시간 미만으로 근무를 하게 되면 퇴직금을 지급하지 않아도 됩니다. 그래서 한동안 주당 14시간으로 아르바이트를 뽑는 상황이 생기곤 했습니다. 이럴 경우 직원의 국민연금과 건강보험도 부담하지 않아도 되었기에 많은 사업장에서 단기간 일하는 아르바이트생

을 뽑는 데 제한적 근로기준법을 활용했습니다.

주당 15시간 일하는 직원은 퇴직금 지급해야

주당 평균 15시간 이상 일을 하는 직원이 1년 이상 근무를 했다면 퇴직금을 지급해야 합니다. 아르바이트생인지 아닌지와 상관없이 지급 의무가 생깁니다.

　퇴직금은 1년간 근무한 기간에 대해 30일분 이상의 평균임금이 퇴직금이 됩니다. 평균임금을 구하기 위해서는 1일 평균임금을 알아야 하는데 1일 평균임금은 퇴직일 이전 3개월간 받은 총임금액을 3개월의 일수로 나누어 얻은 금액입니다. 이때 통상임금보다 평균임금이 더 큰 경우에는 통상임금이 적용됩니다.

퇴직금 = 1일 평균임금 × 30일 × (총근로일 수/ 365)

1일 평균임금 = 퇴직일 전 3개월 총 급여액 / 3개월 기간일 수

예를 들어보겠습니다.

입사일 : 2023년 1월 1일, 퇴사일 : 2025년 7월 31일.

재직일수 : 942일, 월기본급 : 250만 원,

월수당 : 50만 원일 경우

1일 평균임금 = 900만 원 / 92일 = 97,826,086원

퇴직금 = 97,826.08 × 30일 × 942/365 = 7,574,150원

여기서 잠깐!

평균임금 vs 통상임금

"통상임금"은 근로자에게 정기적·일률적으로 소정근로 또는 총 근로에 대하여 지급하기로 정하여진 시간급금액·일급금액·주급금액·월급금액 또는 도급금액을 말합니다.

"평균임금"은 퇴직할 사유가 발생한 날 이전 3개월 간에 그 근로자에 대하여 지급된 임금의 총액을 그 기간의 총 일수로 나눈 금액을 말합니다.

퇴직금은 중간 정산을 할 수 있지만, 다음의 법에서 정한 특별한 경우가 아니면 중간에 정산할 수 없습니다.

근로자퇴직급여보장법시행령 제3조 (퇴직금의 중간정산 사유)

1. 무주택자인 근로자가 본인 명의로 주택을 구입하는 경우
2. 무주택자인 근로자가 주거를 목적으로 전세금&보증금을 부담하는 경우. 이 경우 근로자가 하나의 사업에 근로하는 동안 1회로 한정.
3. 근로자가 본인, 배우자 또는 부양가족의 질병이나 부상으로 6개월 이상 요양을 필요로 할 때 (의료비를 해당 근로자가 본인 연간 임금총

> 액의 12.5%를 초과하여 부담하는 경우)
> 4. 퇴직금 중간정산을 신청하는 날부터 거꾸로 계산하여 5년 이내에 근로자가 파산선고를 받거나 개인회생절차개시 결정을 받은 경우
> 5. 사용자가 기존의 정년을 연장하거나 보장하는 조건으로 단체협약 및 취업규칙 등을 통하여 일정나이, 근속시점 또는 임금액을 기준으로 임금을 줄이는 제도를 시행하는 경우
> 6. 임금피크제와 같은 사유로 소정근로시간을 1일 1시간 또는 1주 5시간 이상 변경하여 3개월 이상 변경된 소정근로시간에 따라 계속 근무하기로 했을 때
> 7. 재난으로 피해를 입은 경우로서 고용노동부장관이 정하여 고시하는 사유에 해당하는 경우

퇴직금에 대해서 사장님이 주의해야 할 사항은 월급에 퇴직금을 포함해서 지급하지 말아야 한다는 것입니다. 입사한 직원과 월급에 퇴직금을 포함해서 준다고 구두로 약속했어도 나중에 퇴사할 때는 별도의 퇴직금을 지급해야 하는 상황이 생길 수 있습니다. 또한 정기적으로 지급하는 상여금과 연차수당도 퇴직금 계산에 포함해야 합니다.

매월 퇴직연금을 납부한다면

퇴직금을 한 번에 지급하는 것이 부담스러울 때가 많으므로 평소에 조금씩 적립해 두는 방법이 좋습니다. 이것이 퇴직연금입니다. 퇴직연금은 사장님이 근로자에게 지급해야 할 퇴직금을 나눠서 금융기관에 매월 적립을 하고 직원이 퇴사할 때 직원이 찾아갈 수 있도록 한 제도입니다. 퇴직연금에는 두 가지 방식으로 가입할 수 있습니다. 확정 급여형(DB)과 확정 기여형(DC)이 있습니다.

 확정 급여형(DB)은 근로자가 퇴직 시 받을 퇴직급여가 근무 기간과 평균임금에 의해 확정되고 회사는 적립금에 대해서 회사가 운영할 수 있는 제도입니다. 그에 반해 확정 기여형(DC)은 사용자가 매년 근로자의 연간 임금의 1/12 이상을 부담금으로 납부하고 근로자가 적립금에 대해서 운용방법을 결정하는 방식입니다. 일반적으로 소규모 업체에서는 확정 기여형(DC)이 관리하기 편합니다.

확정급여형 (DB)
직원 : 근로기준법상 퇴직금 수령
회사 : 퇴직연금 적립 수익을 직접 가져감,
　　　 퇴직시 퇴직금 지급

확정기여형 (DC)
직원 : 매월 납부한 퇴직금 수령, 퇴직금 운용수익 직접 가져감
회사 : 퇴직급여 납부로 퇴직금 지급의무 종결

05

프리랜서를 고용했을 때 인건비 주의사항은?

⋮

Q 일을 외주로 주기 위해 프리랜서를 고용한 지 1년이 넘었습니다. 주변에서는 프리랜서에게도 퇴직금을 지급해야 한다고 하는데 어떻게 해야 하는지요?

A 프리랜서를 고용할 때 경비로 처리하기 위해서는 인건비 신고를 해야 합니다. 보통 3.3% 원천징수하는 사업자로 신고를 하는데 1년 이상 고정적인 일을 한다면 퇴직금이 발생할 수 있습니다. 구체적인 내용을 알아보겠습니다.

영상 제작 일을 하는 홍사장님은 혼자서 모든 업무를 처리해오고 있었습니다. 그러다 영상 제작 실력을 인정받아 광고 영상물 요청이 많이 들어오면서 업무를 혼자 하기 벅차게 되었습니다. 일부 작업을 외주로 돌리기 위해 프리랜서를 알아보던 중 영상 편집을 잘하는 사람을 소개받았습니다. 처음에는 프로젝트별로 금액을 정해서 일을 맡기고 지급하였는데 실력도 좋고 계속 같이 일해도 되겠다는 생각에 고정급을 주는 조건으로 일해보자고 했습니다. 그렇게 1년을 넘게 작업을 해오다 직원 사정으로 더 이상 같이 일을 할 수 없게 되었습니다. 그만두는 자리에서 퇴직금 얘기가 나왔는데 지급을 해야 하는지 말아야 하는지 고민이 됩니다.

프리랜서는 세법에서 독립적으로 일을 하는 사업소득자로 봅니다. 회사에 종속되어 일하는 것이 아니기 때문입니다. 회사는 임금을 지급할 때 프리랜서가 내야 할 사업소득세와 지방소득세를 원천징수합니다. 3.3% 세율로 원천징수한 세금은 다음 달 10일까지 신고납부를 하고 매월 말일에 사업소득자 간이지급명세서를 제출하고 다음해 3월 10일까지 사업소득지급명세서를 지출하면 인건비 신고는 마무리됩니다.

예를 들어보겠습니다.

프리랜서 4월 지급 250만 원일 경우

사업소득세 : 250만원 × 3% = 7만 5천 원

지방소득세(특별징수분) 75,000원 × 10% = 7,500원

합계 : 원천징수금액 82,500원 (= 250만 원 × 3.3% 동일)

프리랜서도 직원처럼 일했다면 퇴직금을 지급해야

회사는 사업소득에 대해 원천징수만 하면 4대 보험을 부담할 필요가 없습니다. 4대 보험은 회사에서 고용한 근로자만 해당하기 때문입니다. 프리랜서는 지역가입자로 국민연금, 건강보험 등을 본인이 납부합니다. 이러다 보니 회사에서는 프리랜서로 고용하고 정직원처럼 일을 시키는 경우가 생겼습니다. 특히 학원에서는 강사가 수강생의 많고 적음에 따른 성과에 의해서 급여를 받는 경우와 고정된 금액으로 받는 두가지 경우로 나뉘는데 둘 다 지급금액의 3.3%를 원천징수하는 형태를 하고 있습니다. 하지만 이럴 경우 고정된 급여를 지급받는 강사는 정규직과 동일하게 보아 1년 이상 근무를 할 때 퇴직금을 지급해야 하는 의무가 생깁니다. 퇴직금을 지급해야 하는 상황은 근무시간과 장소에 대해서 감독과 지시를 받는 종속적 관계이고 1년 이상 일을 할 때입니다. 근로기준법상 '근로자'가 아닌 '프리랜서'로 일을 했다면 퇴직금이 발생하지 않는 게 원칙이지만 근로자성 판단은 임금을 목적으로 고

용되어 근로했는지에 따르고 있습니다.

> 〈근로자성 인정기준〉
> ◎ 취업규칙 및 인사규정 등의 적용 여부
> ◎ 근무장소와 근로시간의 구속성 여부
> ◎ 업무지시 명령 및 감독여부
> ◎ 원자재 및 작업도구의 소유귀속 여부
> ◎ 자기 사업의 위험성 여부
> ◎ 제3자의 대체를 통한 업무대행 가능여부
> ◎ 보수의 성격과 고정급 여부
> ◎ 4대보험 가입 등 사회보장제도에 따른 근로자 지위 인정 여부
>
> [출처] 대한민국 정책브리핑(www.korea.kr)

명칭이나 사업 계약서가 프리랜서로 되었더라도 실제로 고용된 근로자처럼 일을 했다면 퇴직금 지급의무가 생길 수 있습니다.

> 예시) 학원강사가 고정된 시간표에 따라 강의하고 고정된 급여를 받았다면 직원으로 보아 퇴직급을 지급해야 합니다. 반면 학생수에 따라 급여가 정해지고 다른 학원에서도 강의를 자유롭게 할 수 있다면 프리랜서로 보아 퇴직금 지급의무가 없습니다.

프리랜서가 아닌 근로자로 보게 되면 그동안 부담하지 않았던 4대보험을 공단에서 청구를 하는 경우도 있으니 근로자성 여부를 잘 판단하여야 합니다.

06

주휴수당을 꼭 지급해야 하나요?

Q 아르바이트생을 고용하고 있습니다.
일주일 이상 일을 할 경우 주휴수당을 지급해야 한다고
하는데 어떻게 계산해야 하는지요?

A 네. 아르바이트생이 일주일 이상 일을 하게 되면
주휴수당을 지급해야 합니다.

마흔 다섯에 명예퇴직한 나점장 씨는 신도시에 있는 편의점 GS26을 인수 했습니다. 첫 아르바이트생인 샛별이에게 알바비를 시급으로 계산해서 주기로 했습니다. 나점장 씨는 일주일 이상 일을 하면 주휴수당을 줘야 하는 건 알겠는데 다른 편의점 점장은 주휴수당을 지급하지 않는다고도 해서 고민에 빠졌습니다. 어떻게 해야 하는 걸까요?

아르바이트생에게 주휴수당을 지급해야

먼저 주휴일이란 아르바이트생이 1주간의 소정 근로일을 개근한 근로자에게 1주일에 평균 1회 이상 유급으로 부여하는 휴일입니다. 주휴일은 1주일에 15시간 이상 근무했다면 직원이든 아르바이트생이든 모든 근로자에게 부여해야 합니다. 그래서 보통 정규직 근로자를 고용하고 있는 회사는 일요일은 유급휴일로 정하고 토요일은 무급휴일로 쉬고 있습니다. 이때 주휴일은 유급휴일이기에 근로자가 일하지 않더라도 주휴수당을 지급해야 합니다. 월급을 받는 직원들은 통상적으로 월급 안에 주휴수당이 포함되어 있다고 보면 됩니다. 시급으로 일하는 아르바이트생에게는 실제로 근무한 시간에 대한 급여 외에 주휴수당을 따로 계산해서 지급해야 합니다.

§ 주휴수당 산정방법 §

주휴수당 = 1일 소정근로시간 수 × 시간급 임금

※ 1일 소정근로시간 수

1주 40시간 미만인 경우 : (1주간 총근무시간 ÷ 40시간) × 8시간
1주 40시간 이상인 경우 : 1일 8시간 (40시간 이상이더라도 법정근로시간에 해당하는 임금을 주휴수당으로 지급함)

예를 들어 편의점에서 주당 40시간 미만인 아르바이트생이 있습니다. 주 5일을 일하고 하루 6시간씩 근무를 합니다. 시급은 11,000원입니다.

(6시간 × 5일 ÷ 40시간) × 8시간 × 11,000원 = 66,000원

일반적으로 40시간 미만의 아르바이트는 주휴수당이 하루 치 시급으로 보면 됩니다.

8시간 × 11,000원 = 88,000원

주당 40시간 이상 일을 하는 아르바이트생일 경우를 예를 들어보겠습니다. 주 5일을 일하고 하루 9시간을 근무합니다. 시급은 11,000원입니다.

1일 9시간씩 5일동안 1주간 45시간을 근무하더라도 주휴수당은 법정근로시간인 8시간분만 지급하면 됩니다.

Q. 편의점 사장님이 일주일 근무시간을 14시간만 하자고 합니다. 이유가 뭔가요?

A. 사장님이 초단시간 근로자로 고용하면 퇴직금, 4대 보험, 주휴수당을 지급하지 않을 수 있습니다.

초단시간 근로자란?

소정근로시간이 4주 동안 평균해서 1주일에 15시간 미만인 근로자를 말합니다. 통상 1주에 40시간 근무하는 근로자보다 짧게 근무하는 단시간 근로자에 속합니다. 소정근로시간이란 사업주와 근로계약서의 근로시간을 의미합니다.

> ◇ 퇴직금　　: 1년 미만의 근로자와 초단시간 근로자는 퇴직금이 없습니다.
> ◇ 주휴수당 : 초단시간 근로자는 주휴수당이 없습니다.
> ◇ 연차수당 : 초단시간 근로자는 연차수당이 없습니다.

초단시간 근로자는 산재보험 가입 대상이지만 고용보험및 건강보험, 국민연금 적용 제외 대상에 해당합니다. 다만 고용보험의 경우 1월간 소정근로시간이 60시간 미만이면 적용 제외가 원칙이지만 생업을 목적으로 근로를 제공하는 자 중 3개월 이상 계속 근로를 제공하면 가입 대상이 됩니다.

국민연금도 초단시간 근로자가 1개월 이상 또는 8일 이상 근로시간을 제공하거나 220만 원 이상 보수를 받으면 가입해야 합니다.

마지막으로 한가지 조언을 드리면 사장님이 사업 형태와 관계없이 단순히 비용을 줄이기 위해 초단시간 근로자를 쓰는 건 효율적이지 않습니다. 꼭 필요할 때만 적용하는 게 사람을 쓰는 올바른 기술입니다.

❝ 우리가 가진 것 중에
가장 중요한 것은
바로 시간이다 ❞

．
．
．
．
．

스티브 잡스

PART 4
사업이 덜컹거릴 때 살아남기

01

세금신고는
언제 해야 하나?

⋮

 사업을 시작한 지 얼마 되지 않았는데 세금신고를 하라고 우편물이 왔습니다. 사업을 하면 어떤 세금신고를 해야 하는지 궁금합니다.

 사업을 시작하는 순간부터 그림자처럼 세금이 따라붙습니다. 우리나라에서 납부해야 하는 세금에 관해서 설명해 드리겠습니다.

학교 다닐 때 아름다웠던 청춘의 시간이 나이를 먹은 후에 뒤돌아보면 '리즈 시절'이었다고 생각이 듭니다. 그런데 친구들과 어울려 놀면서 즐겁게 시간을 보냈지만 그래도 항상 마음 한쪽에 걱정거리가 있었을 겁니다. 바로 시험입니다.

학창 시절에는 중간고사, 기말고사가 있었다면 사업을 하는 지금은 내가 얼마나 벌고 썼는지 평가를 받고 성적을 내는 세금신고가 있습니다. 세금을 많이 낸다는 것은 성적이 상위권에 있다는 거를 나타내지만 사업자 입장에서는 썩 유쾌하진 않습니다. 왜냐하면, 학생 때는 성적이 좋으면 칭찬을 많이 받지만, 사업자는 세금을 많이 내기 때문입니다. 그렇다고 하더라도 요즘같이 어려운 시기에 많이 벌 수만 있다면 세금을 내는 것도 나쁘진 않겠죠.

세금의 종류는 크게 국세와 지방세로 나눠볼 수 있습니다. 주로 사업자가 내는 세금은 국세 중에서 거래와 관련된 부가가치세·관세 등이 있고 소득과 관련된 소득세·법인세 등이 있습니다.

지방세는 지방자치단체에 내는 세금으로 사업자가 벌어들인 소득에 대해 일정금액을 부과합니다. 일반적으로 회사는 소득세의 약 10% 정도를 지방소득세로 내고 있습니다.

다음은 사업자가 내는 부가가치세와 소득세에 대해 정리해 보겠습니다.

부가가치세신고

부가가치세는 개인사업자나 법인사업자 모두 신고·납부해야 하는 세금입니다. 다만 개인사업자 중에 연 매출이 1억 400만 원이 안 될 때는 간이과세자로 분류를 해서 1년에 한 번만 신고하도록 하고 있습니다. 부동산임대업 사업자와 과세유흥 사업자일 경우에는 연 매출 기준이 4,800만 원이 안 되어야 간이과세자로 적용받을 수 있습니다.

개인사업자는 일 년에 두 번 신고하고 법인사업자는 일 년에 네 번 신고를 합니다.

과세기간	과세대상기간	신고납부기간	신고대상자
1기 (1.1~6.30)	예정신고 1.1~3.31	4.1~4.25	법인사업자
	확정신고 1.1~6.31	7.1~7.25	법인, 개인사업자
2기 (7.1~12.31)	예정신고 7.1~9.30	10.1~10.25	법인사업자
	확정신고 7.1~12.31	다음해 1.1~1.25	법인, 개인사업자
1.1~12.31	확정신고 1.1~12.31	다음해 1.1~1.25	간이과세자(개인)

부가가치세신고는 국세청 홈택스 사이트에서 스스로 신고할 수 있도록 메뉴를 만들었습니다. 신고할 내용이 복잡하지 않으면 직접 작성하고 납부할 수 있습니다.

소득세신고

개인사업자는 일 년간 열심히 일하고 수익이 생기면 소득에 대한 세금을 내야 합니다. 직장인들은 매월 급여명세서에서 근로소득세와 4대 보험을 떼고 받습니다.

근로자는 근로소득세를 내고 사업자는 사업소득세를 냅니다. 다만 근로자는 회사에서 세금신고를 대신해주고, 사업자는 직접 세금신고를 하는 것이 다릅니다.

그래서 근로자는 세법을 잘 몰라도 회사가 알아서 신고를 해주기 때문에 연말정산만 하면 큰 걱정이 없지만, 사업자는 직접 해야 하므로 세법에 대해서 어느 정도 알고 있어야 합니다. 내가 아는 만큼 절세할 수 있기도 하고 세금 때문에 억울한 일이 생기지 않기 위해서 입니다.

다만 사업 규모가 작을 때는 사장인 본인이 대부분 업무를 해야 하지만 규모가 커지면 다르게 생각해야 합니다. 모든 세금업무를 혼자 할 수 없고 직접 신고하는 게 효율적이지도 않기 때문에 세무사나 회계사에게 맡겨서 처리하여야 실수 없이 제대로 세금을 신고할 수 있습니다.

과세기간	신고납부기간	신고대상자
1.1 ~ 12.31	다음 해 5.1~5.31	개인사업자
	다음 해 6.1~6.30	개인사업자 중 성실신고확인대상자
1.1 ~ 12.31	다음 해 3.1~3.31	법인사업자
	다음 해 4.1~4.30	법인사업자 중 성실신고확인대상자

소득세를 신고하고 나면 소득 금액을 기준으로 지방소득세를 신고·납부해야 합니다. 대략 소득세의 10%에 해당하는 금액을 지방소득세로 내게 됩니다. 가령 소득세가 100만 원이라면 지방소득세는 대략 10만 원 정도입니다.

그 외에 물건을 수입하게 되면 통관을 할 때 내는 관세가 있고, 지자체에 영업 신고를 하는 경우에 내는 등록면허세가 있습니다.

02
대금을 못 받았는데 부가가치세를 냈다면?

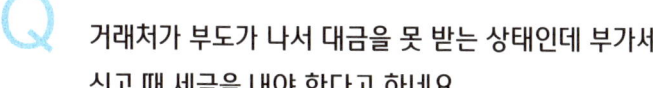

Q 거래처가 부도가 나서 대금을 못 받는 상태인데 부가세 신고 때 세금을 내야 한다고 하네요.

A 대금 회수가 안 되었는데 매출 관련 부가가치세를 낸 경우가 있습니다. 못 받은 매출에 대한 부가가치세를 돌려주는 대손세액공제 제도가 있습니다.

"사장님. 거래처 A가 부도가 났다고 합니다. 이를 어쩌죠? 사장님!"
경리담당 직원이 다급한 목소리로 얘기를 합니다.
"회수해야 할 외상금이 1억이 넘어요. 이번 달에 부가세 신고도 했는데 다 날리는 게 아닌가요?"
옆에 있던 영업부 직원이 끼워 들면서 얘기합니다.
"어쩐지 그 회사 구매담당이 어음 결제일을 늦추자고 하는 게 이상했어요. 소문에 공장건물이 벌써 압류됐다고 하네요."

사장님은 빨리 대금 회수할 방법을 찾아보고 압류할 물건이 있는지도 알아봐야 합니다. 그런데 매출로 신고했던 부가가치세와 소득세 등은 대금 회수가 안 되었는데도 납부를 했기 때문에 어떻게 해야 할지 난감할 때가 있습니다. 부가가치세신고를 하지 않았다면 납품 물건을 회수해 와서 세금계산서를 취소해 볼 수도 있을 텐데 신고를 하고 납부를 했다면 그렇게 할 수도 없습니다.

거래처가 부도가 나거나 폐업하고 잠적해버린다든지, 사장님이 실종되어 찾을 수 없는 등 도저히 회수할 방법이 없을 때는 납부한 부가가치세를 돌려주는 제도가 있습니다. 이것이 대손세액공제입니다. 거래처의 파산, 부도, 사업의 폐지 등으로 매출채권의 회수가 어려워질 경우 매출세액을 공제해 주는 제도입니다. 다시 말하면 돈도 못 받고 발행한 세금계산서의 매출세액을 다시 돌려준다는 겁니다. 대손사유로 인정받을 수 있는 사유는 이렇습니다.

대손세액공제 사유

① 소멸시효가 완성된 외상매출금, 미수금 등
② 회수 불능으로 확정된 채권
③ 부도발생일로부터 6월 이상 지난 수표 또는 어음상의 채권 및 외상매출금 (중소기업의 외상매출금으로 부도발생일 이전의 것에 한정함)
④ 중소기업의 외상매출금·미수금으로 회수 기일이 2년 이상 지난 경우 (특수관계인 거래는 제외)
⑤ 채무자의 파산, 강제집행, 사업의 폐지, 사망, 실종
⑥ 회수 기일이 6개월 이상 지난 채권 중 30만 원 이하인 채권

거래처가 부도가 발생하였다면 금융결제원의 전자어음 서비스 홈페이지(www.unote.kr)에서 부도어음에 대한 확인서를 받거나 은행에서 부도 도장이 찍힌 어음을 세무서에 제출해서 대손세액공제를 받으면 됩니다.

대손세액공제는 예정신고 기간에는 안되고 부가가치세 확정신고 기간에만 신청할 수 있습니다.

대손 사유를 증명하는 서류

◎ 파산·강제집행 : 세금계산서, 채권배분계산서, 강제집행조서, 집행불능조서 등

◎ 실종선고 : 세금계산서, 가정법원판결문, 기타 채권의 회수 불능을 입증하는 서류 등

◎ 회생계획인가 또는 면책결정 : 세금계산서, 법원의 회생계약인가안, 면책결정문

◎ 부도발생일로부터 6개월 경과한 수표 : 세금계산서, 부도수표·어음 등

03

억울한 세금을 구제받는 방법은?

Q 세무서에 납세고지서가 나왔는데 좀 억울한 측면이 있습니다. 이럴 때는 어디에 호소해야 하는지요?

A 국가에서는 억울한 세금에 대해 구제받을 수 있도록 여러 절차를 두고 있습니다.

> 납세자 A씨는 지인이 주유소를 운영하려고 하는데 당시에 자신의 명의로 사업자등록을 할 수 없다고 몇 개월만 A씨 명의로 해달라고 하여 거절하지 못하고 명의를 대여해 줬습니다. A씨는 주유소에서 주유원으로 일을 하면서 지인으로부터 월 100만 원씩 받기로 하였지만 이를 제대로 받지도 못하고 있다가 어느 날 갑자기 주유소가 제3자에게 양도되었다고 하여 그만두게 되었습니다. 이후에 지인이 가짜 세금계산서를 받아 실제 유류를 구입하지 않은 것에 대해 과세관청에서 A씨에게 부가가치세와 종합소득세를 고지하였습니다.

지인에게 사업자등록증상에 이름을 빌려준 건 잘못한 일이지만 실제 사업자가 아닌데도 세금을 내는 것은 억울할 수 있습니다. 이런 경우 구제를 받을 수 있는 절차가 있습니다.

과세전적부심사

납세고지서가 나오기 전에 구제받을 수 있는 절차는 과세전적부심사 제도입니다. 세금고지서가 나오기 전에 세무서에서 미리 납세자에게 통지해서 이의가 있는 경우 해명을 할 수 있게 하였습니다. 해당 자료를 준비해서 관할 세무서에 직접 또는 우편으로 제출하면 됩니다. 과세

예고통지서를 받은 날부터 30일 이내에 과세전적부심사청구서를 제출하여 구제받을 수 있습니다.

납세고지서를 받았을 때

그런데 세금을 내라는 납세고지서를 받았을 때는 다른 절차를 통해야 합니다. 이를 조세불복이라고 합니다. 여기에는 이의신청, 심사청구, 심판청구, 행정소송이 있습니다.

우선 관할 세무서에 이의신청서를 제출하는 방법입니다. 납세고지서를 받은 날로부터 90일 이내에 소명할 수 있는 내용을 정리해서 세무서에 제출해야 합니다. 이의신청했는데도 받아들여지지 않으면 심사청구절차를 신청해야 합니다. 이의신청은 안 하고 바로 심사청구, 심판청구, 행정소송을 할 수도 있습니다. 심사청구 등은 납세고지서를 받은 날 또는 이의신청을 거쳤으면 이의신청 결정서를 받은 날부터 90일 이내에 접수해야 합니다. 이 기한을 넘기면 청구한 주장을 다루지 않고 각하결정을 내립니다.

심사청구, 심판청구를 했는데도 억울함이 해소되지 않으면 다음 단계로 법원에 제출하는 행정소송이 있습니다. 법원의 판단을 받아 볼 수 있는 제도입니다. 심사청구, 심판청구까지는 세무대리인의 조력을 받을 수 있지만, 행정소송은 법원에서 진행하기 때문에 변호사의 도움을 받아 진행하여야 합니다.

　이런 절차와 별도로 세무서에서 고충민원신고 제도가 있습니다. 각 관할 세무서에 납세자 보호 담당관실을 찾아가면 고충민원신고를 통해 구제받을 수 있는 길이 있습니다.

　청구인은 아버지께서 어쩔 수 없이 명의를 빌려달라고 하여 대여하였으나, 세금이 부과된 과세기간에 군 복무를 하는 등 실질적인 사업자가 아니므로 본인에게 고지된 세금을 취소해달라고 요청하였다. 세무서 납세자보호위원회는 병적증명서에 군 복무 기간이 확인되고 매출처가 청구인에게 입금한 돈이 아버지에게 이체되는 점 등을 고려하여 청구인을 명의대여자로 보고 부과한 세금을 취소하였다.

　납세자가 억울한 세금을 내지 않도록 만든 제도를 잘 활용해서 당당하게 권리를 구제받으시기 바랍니다.

04
자금 사정이 어려워 납부기한을 연장할 수 있을까?

Q 부가세 납부를 해야 하는데 갑자기 거래처에서 대금을 한 달 후에 준다고 합니다. 당장 세금을 내야 하는데 방법이 없을까요?

A 세금을 내야 하는데 막상 돈이 없어서 연체되는 상황이 생길 수도 있습니다. 세무서에서는 어려운 납세자를 위해 납부기한을 연장해 주는 제도를 두고 있습니다.

왕성실 사장님은 국가에 내야 하는 세금은 제때 꼬박꼬박 내야 한다는 신념을 가지고 30년간 음식점을 해오셨습니다. 어려운 고비들이 있었지만 알뜰하게 운영해온 덕분에 체납 없이 사업을 운영했습니다. 그러나 '코로나19'라는 전대미문의 전염병으로 인해 영업할 수 없는 상황이 생기다 보니 막상 세금 낼 때 돈이 부족한 상황이었습니다. 주변에서는 세금 납부를 연장할 수 있다고 하는데 방법이 없는지 문의를 해오셨습니다.

사업을 하다 보면 일시적으로 자금이 부족해서 세금을 내기가 어려울 때가 있습니다. 대출을 받아 납부를 해야 할 정도로 자금이 어려울 때는 세무서에 납부기한 연장을 신청할 수 있습니다. '납부기한 연장 승인신청서'를 작성해서 관할세무서에 신청하여야 하는데 해당 사유는 다음과 같습니다.

> 국세기본법시행령 제2조
> 1. 납세자가 화재, 전화, 그 밖의 재해를 입거나 도난을 당한 경우
> 2. 납세자 또는 그 동거가족이 질병이나 중상해로 6개월 이상의 치료가 필요하거나 사망하여 상중인 경우
> 3. 정전, 프로그램의 오류나 그 밖의 부득이한 사유로 한국은행 및 체신관서의 정보통신망의 정상적인 가동이 불가능한 경우

> 4. 금융회사 등 또는 체신관서의 휴무나 기타 부득이한 사유로 정상적인 세금 납부가 곤란하다고 국세청장이 인정하는 경우
> 5. 권한 있는 기관에 장부나 서류가 압수 또는 영치된 경우
> 6. 「세무사법」에 따라 납세자의 장부작성을 대행하는 세무사 또는 공인회계사가 화재, 전화, 기타 재해를 입거나 도난을 당한 경우

납부기한 연장신청은 부가가치세 신고일인 7월 25일, 1월 25일의 3일 전까지 신청해야 합니다. 부가가치세신고 마감 3일 전까지 신청할 수 없다고 세무서장이 인정하는 경우에는 신고기한일까지 신청할 수 있습니다. 소득세의 경우에는 5월 31일(성실신고확인대상자는 6월 30일)이 되기 3일 전까지 신청하여야 합니다. 납부 연장의 사유가 인정될 만한 경우가 아니면 세무서에서 납부기한 연장을 거부할 수 있거나 담보를 요구할 수도 있습니다.

납부기한 연장은 3개월부터 9개월까지 기한을 정할 수 있습니다. 기간을 길게 연장하기보단 낼 수 있는 기간을 정해서 신청을 해야 연장 승인이 잘 나올 수 있습니다. 납부기한 연장을 사업자가 성실히 분납을 한다는 조건이기 때문에 기한에 맞춰 납부를 해야 합니다. 그렇지 못하면 승인 조건이 취소되고 체납으로 넘어갈 수 있으니 주의를 요합니다.

■ 국세징수법 시행규칙 [별지 제14호서식]

납부기한등 연장 신청서

(앞쪽)

접수번호		접수일		처리기간	3일

납세자	성명(상호)		주민등록번호(사업자등록번호)	
	주소(사업장)			
	전화번호		전자우편주소	

신청내용

	납부할 국세의 내용				납부기한등 연장을 받으려는 금액
	연도	세목	납부기한	금액	금액
신고분					

	연도	세목	발행번호	납부기한 (독촉기한)	국세	가산금	국세	가산금
고지분								

납부기한등 연장을 받으려는 사유	
납부기한등 연장을 받으려는 기간	년 월 일부터 년 월 일까지 (일간)

분납금액 및 납부기한

횟수	세목	납부기한	분납금액	국세	가산금
1회		. .			
2회		. .			
3회		. .			

「국세징수법」제13조 및 같은 법 시행령 제14조에 따라 납부기한등 연장을 받기 위하여 위와 같이 신청합니다.

년 월 일

신청인 (서명 또는 인)

세무서장 귀하

첨부서류	1. 납부기한등의 연장을 받으려는 사유를 증명하는 자료 2. 담보제공서(국세징수법 시행규칙 별지 제20호서식)	수수료 없음

세금고지서를 받았다면 징수유예 신청

세무서에 세금을 내지 못해 고지서를 받았을 때 세금 납부를 연장하기 위해서는 납세고지서상의 납부기한 3일 전까지 '징수유예신청서'를 관할세무서장에게 제출해야 합니다. 징수유예를 승인하는 경우에 납부세액에 상당하는 납세담보를 요구할 수 있습니다. 유예기간은 9개월까지 가능합니다. 징수유예 사유는 납부기한 연장 사유와 비슷하나 근거법에 따라 아래와 같습니다.

국세징수법 제13조, 국세징수법시행령 제11조

- 납세자가 재난 또는 도난으로 재산에 심한 손실을 입은 경우
- 납세자가 경영하는 사업에 현저한 손실이 발생하거나 부도 또는 도산의 우려가 있는 경우
- 납세자 또는 그 동거가족이 질병이나 중상해로 6개월 이상의 치료가 필요한 경우 또는 사망하여 상중인 경우
- 권한 있는 기관에 장부나 서류가 압수 또는 영치된 경우
- 정전, 프로그램의 오류나 기타 부득이한 사유로 한국은행 등 정보통신망의 정상적인 가동이 불가능한 경우
- 금융회사 등의 휴무나 기타 부득이한 사유로 정상적인 세금납부가 곤란하다고 국세청장이 인정하는 경우
- 세무사법에 따라 납세자의 장부작성을 대행하는 세무사, 회계사가 화재, 전쟁피해, 기타의 재해를 입거나 도난을 당한 경우

◎ 신고·납부기한 연장, 징수유예, 체납처분 유예 신청 방법

신고·납부기한 연장, 징수유예, 체납처분 유예는 관할 세무서에 우편 또는 방문 신청하거나, 국세청 홈택스(www.hometax.go.kr) 에서 온라인 신청 가능합니다.

◎ 접근경로

홈택스 로그인 → 국세증명·사업자등록 세금관련 신청/신고 → 세금관련 신청·신고 공통분야 → 신고·납부 기한연장 신청/내역조회 → 신고분 납부기한 연장신청 또는 고지분 납부기한등 연장신청 (구.징수유예)

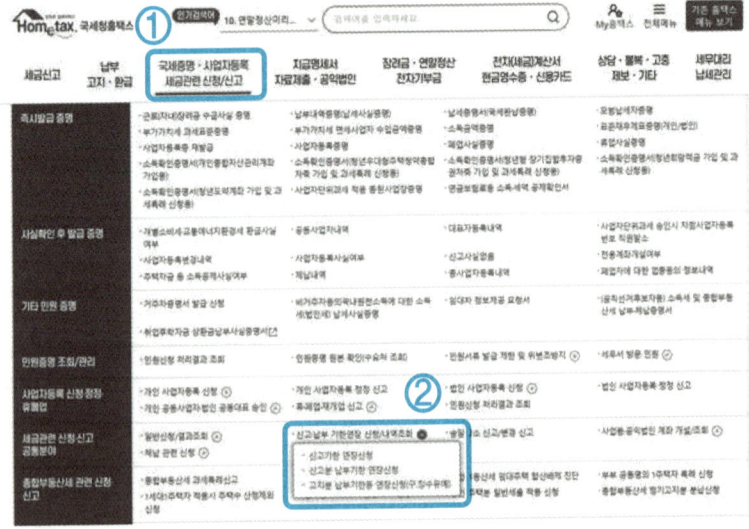

05
지난해 적자를 다음 해에 소득세에서 혜택받을 수 있을까?

Q 올해 경기가 안 좋아서 손실이 발생했습니다. 올해 손실분을 내년에 이익이 나면 세금을 줄일 수가 있다는 데 정말인가요?

A 네, 맞습니다. 사업자가 손실 난 부분이 있으면 이익이 난 해에 반영해서 세금부담을 덜어주고 있습니다. 단, 장부를 작성하고 보관하였을 때 가능합니다.

미국 전 대통령이었던 도널드 트럼프가 1995년도에 뉴욕 트럼프타워 기공식을 한 이후 1조 원 상당의 손실을 봤습니다. 그 이후 18년 동안 우리나라 돈으로 1조 원 정도의 소득이 발생했는데도 불구하고 세금을 한 푼도 내지 않았습니다. 뉴욕타임스에서는 "유명인으로 번 돈을 고위험 사업체에 투자하고 거기서 발생하는 손실을 세금 회피하는데 활용하는 게 트럼프 대통령의 재정 연금술의 핵심 공식"이라고 말하기도 했습니다. 1995년 당시 미국 세법은 영업 손실을 신고한 해의 직전 3년과 그 이후 15년까지 소득이 발생한 해에 영업 손실을 차감해서 세금을 계산하였습니다. 트럼프 전 미국 대통령이 탈세나 명백한 불법을 저지른 건 아니지만, 세금 회피를 위해 영업 손실을 차감하는 등의 일을 벌였습니다.

우리나라도 사업에서 발생한 손실에 대해 이후 소득이 생겼을 때 세금계산 시 공제해 주는 제도가 있습니다. 이러한 제도가 세법상 결손금 공제입니다.

결손금이란 각 사업소득이 있는 자의 소득 금액을 계산할 때 해당연도에 필요경비가 총수입금액을 초과해서 손실이 발생한 금액을 말합니다. 다시 말해 한 해 동안 적자를 본 겁니다.

결손금 공제를 해주는 이유는 사업이 잘 되는 해에는 소득세를 많이 냈다가 다른 해에는 부진해서 손실이 발생하는 때도 있으므로 이런 손실을 보전해 주는 차원에서 만들어졌습니다.

이월결손금으로 세금 줄이기

올해 손실이 났다면 내년에 이익이 발생했을 때 작년의 결손금을 소득에서 공제를 해주게 됩니다.

예를 들어 작년에 1,000만 원 결손금이 발생했는데 올해 이익이 생겨서 소득 금액이 3,000만 원이 되었다면 1,000만 원을 차감한 2,000만 원에 대해서 세금을 계산하게 됩니다. 이렇게 결손금을 활용하기 위해서는 장부가 작성이 되어야 합니다. "올해 손실 났으니까 세금 낼 것도 없는데 장부작성할 필요 없겠네요."라고 생각하고 장부작성도 안 하고 소득세 신고도 안 하는 사장님이 계십니다. 이렇게 되면 결손금을 다음 해에 사용할 수 없어서 불필요하게 세금을 더 내게 됩니다. 세금도 사업자로서는 비용이기 때문에 꼭 장부를 작성해서 안 내도 될 세금을 아끼는 지혜가 필요합니다.

결손금은 다음 해로 이월해서 사용하는데 현행 15년까지 사용할 수 있습니다. 15년 동안 이익이 발생하지 않는다면 순차적으로 소멸합니다. 이월결손금은 누적해서 쌓이게 되는데 먼저 발생한 결손금부터 순차적으로 공제하기 때문에 이익이 발생한 해에 순차적으로 사용해야 합니다.

올해 손실인데 작년에 냈던 세금이 있다면

중소기업의 경우에 결손금을 다음 해에 사용하여 공제받을 수도 있지만, 결손금이 발생한 직전에 납부한 세금이 있다면 소급해서 공제할 수 있습니다. 예를 들어 작년에 5,000만 원 이익이 발생해서 세금을 냈는데 올해는 적자가 3,000만 원 발생한 경우 3,000만 원 결손금을 작년 신고서에 소급 반영할 수 있습니다. 그래서 작년에 냈던 소득세를 일부 돌려받을 수 있습니다. 이것을 결손금소급공제라고 합니다.

창업 초기에는 손실이 많이 발생하게 됩니다. 손실 난 부분은 장부 관리를 통해 다음에 이익이 났을 때 세금을 줄이는데 활용하는 게 절세의 지름길입니다.

06

부가가치세, 소득세 예정 고지를 받았을 때

Q 부가가치세신고를 하지 않고 세무서에서 납부고지서가 올 때가 있다는데 그런 경우는 언제인가요?

A 세무서에서는 납세자의 세금신고 부담을 덜어주고자 고지서를 발송해 주는 경우가 있습니다.

직전 납부세액의 50%를 예정고지서로

매출이 많지 않은 사장님은 세금신고까지 혼자 챙기기 쉽지 않습니다. 그렇다고 세무대리를 맡기거나 경리를 두기엔 부담이 됩니다. 국세청은 납세자의 세금신고의무를 덜어주기 위해 예정고지납부 제도를 두고 있습니다.

예정고지는 개인사업자 또는 매출 규모가 1억 5천만 원에 미달하는 소규모 법인의 편의를 위해서 정해진 예정신고를 하는 대신 직전 과세기간 납부세액의 50%인 절반을 낼 수 있도록 고지서를 보내는 방식입니다.

쉽게 말하면 법인은 부가가치세신고를 일 년에 네 번 하는데 반해 일반과세자인 개인은 일 년에 두 번 신고하고 나머지 두 번은 고지서를 받아 납부합니다. 간이과세자는 일 년에 한 번 신고하고 한 번은 고지서를 받아 납부합니다. 마찬가지로 소득세도 예정고지가 있습니다. 소득세신고는 일 년간 벌어들인 소득을 다음 해 5월(성실신고확인대상자는 6월) 말까지 신고납부를 하고 하반기에는 소득세 예정신고를 하는 대신 예정고지서로 내도록 하고 있습니다. 둘 다 신고의무가 줄어들어 납세자는 번거롭게 신고하지 않아도 되었습니다. 다만 매출이 많이 줄어들었을 경우에는 예정신고서를 작성해서 납부할 수도 있습니다. 예를 들어 사업이 휴업 중이거나 사업 부진으로 공급가액이 직전 과세기간의 공급가액의 1/3에 미달한 경우에는 예정고지를 받아서 내는 대신 예정신고를 할 수 있습니다.

(개인사업자)

일반과세자 부가가치세 예정고지 : 4월 25일, 10월 25일 (2회)

간이과세자 부가가치세 예정고지 : 7월 25일 (1회)

소득세 예정고지 : 11월 30일(1회)

(소규모법인사업자)

직전과세기간 공급가액이 1억 5천만 원 미만인 법인

부가가치세 예정고지 : 4월 25일, 10월 25일 (2회)

법인세 예정고지 : 8월 31일(1회)

예정고지금액이 50만 원 미만은 제외

규모가 작아서 예정고지 대상자인데도 고지서가 오지 않는 경우가 있습니다. 내가 깜박하고 납부기한을 놓쳤나 하고 생각할 수도 있는데 올해 신규로 개업하였거나 부가가치세 예정고지 금액이 50만 원이 안 되면 별도로 고지하지 않습니다. 또한 코로나와 같은 재난 등의 사유로 납부할 수 없다고 인정되는 경우에도 예정고지를 제외하고 있습니다.

이것은 어려운 영세 자영업자의 납세 편의를 위해 예정고지를 제외해주는 것으로 사업자는 해당 과세기간의 확정신고 때 일괄해서 납부하면 됩니다. 소득세도 마찬가지로 올해 신규로 개업하였거나 중간예납 금액이 50만원에 미달하면 예정고지서를 보내지 않습니다. 이런 경우가 아니고 예정고지를 받고도 납부를 하지 않았다면 미납세액의 3%가 가산세로 부과됩니다.

> **QUIZ** 소득세, 부가세 중간예정 고지가 나왔는데 분납할 수 있나요?
>
> 네, 소득세 예정 고지 금액은 1천만 원을 초과하면 분납할 수 있습니다. 2개월 분납으로 1.31일까지 나눠 낼 수 있습니다.
>
> 예시)
> 납부할 세액 2천만 원 이하 : 1천만 원 초과 금액 분납
> 납부할 세액 2천만 원 초과 : 고지세액의 50% 이하 분납
>
> ☑ 부가세 예정 고지 분납은 허용되지 않습니다. 징수유예 신청을 해서 납부 기한을 연장해 분할로 내야 합니다.

07
과세유형이 바뀐다면 어떻게 해야 할까?

Q 간이과세자로 창업을 했는데 매출이 증가하다 보니 일반과세자로 전환된다는 통지를 받았습니다. 과세유형이 변경되면 해야 할 일들이 있다고 하는데 무엇인가요?

A 사업자는 간이과세자에서 일반과세자로 바뀌거나 일반과세자에서 간이과세자로 변경이 되면 살펴봐야 할 것이 있습니다.

사장님 : 치킨집을 하고 있는데 동네 장사라 간이과세자로 사업자를 내었습니다. 코로나 때문에 치킨 배달이 늘어서 어느 정도 매출이 나오다 보니 세무서에서 일반과세자로 전환된다고 우편물이 왔네요.

세무사 : 네, 간이과세자로 사업자등록을 하셔도 1년간 판매금액이 1억 400만 원을 넘기면 다음 해 7월부터 일반과세자로 전환됩니다. 이것은 임의로 선택할 수 있는 사항은 아닙니다.

사장님 : 예전에는 판매금액이 4,800만 원이 넘으면 일반으로 바뀐다고 했는데요?

세무사 : 네, 2024년부터는 간이과세자 기준이 1억 400만 원이 넘지 않는 것으로 변경이 되었습니다. 영세납세자를 위해서 간이과세자로 더 영업할 수 있도록 편의를 봐주는 거로 바뀌었네요.

사장님 : 아. 그렇군요. 그럼 이제 어떤 걸 해야 하나요?

세무사 : 사장님께서 창업하실 때 간판이랑, 실내 인테리어, 집기, 냉장고 등을 구입하면서 세금계산서나 신용카드 등으로 구입하신 게 있으신지요?

사장님 : 그럼요! 프랜차이즈 가맹점으로 하다 보니 대부분 시설은 세금계산서를 받았습니다. 그런데 간이과세자여서 매입세액공제는 못 받았어요.

세무사 : 그러시군요. 간이과세자에서 일반과세자로 바뀌게 되면 못 받았던 매입세액을 일부분 돌려받을 수 있습니다.

사장님 : 정말요. 그런 게 있나요?
세무사 : 네. 그걸 재고매입세액공제라고 합니다.

  처음 사업을 시작하게 되면 간이과세자로 사업자를 내는 경우가 많습니다. 간이과세자로 사업자를 냈다면 사업 초기에 들어간 매장의 인테리어나 시설 집기, 주방기기 등 매입에 대해서 일반과세자와 다르게 환급을 해주지 않습니다. 간이과세자는 부가가치세를 일반과세자보다 적게 내도록 국가에서 정해놓았기 때문에 매입이 아무리 많아도 환급까지는 해주지 않고 있습니다. 부가가치세도 일반과세자보다 적게 내는데 환급까지 해주면 너무 큰 혜택이라고 생각한 것입니다. 그에 반해 일반과세자로 사업자를 낼 경우에는 매출세액에서 매입세액을 빼서 신고·납부하기 때문에 매입이 더 많으면 환급이 나옵니다. 가령 일반과세자가 사업 초기에 인테리어 비용으로 5,500만 원(vat 포함)이 들었고 매출은 없다면 부가가치세 환급액 500만 원이 나옵니다. 이때 환급을 더 빨리 받으려면 조기환급제도를 이용하면 됩니다.

간이과세자에서 일반과세자로

사업을 시작했는 데 장사가 잘 돼 매출이 늘어나면 간이과세자 기준을 넘어서게 됩니다. 1년간 판매한 내역을 다음 해 1월 25일 부가가치세 확정신고를 할 때 판매금액(공급대가)이 1억 400만 원을 넘어갈 경우 7월 1일 때부터는 일반과세자로 변경됩니다. 이때 간이과세자여서 공제받지 못했던 매입세액을 일반과세자로 변경되면서 공제받게 됩니다. 재고매입세액을 공제받으려면 '과세전환 시의 재고품 등 신고서'를 작성해서 세무서에 제출합니다. 재고매입세액공제를 받을 수 있는 대상은 과세유형이 변경일 현재 보유하고 있는 재고품, 건설 중인 자산, 감가상각 자산입니다. 보통 매장에서는 인테리어나 집기 등이고 상품 진열을 많이 해야 하는 철물점, 잡화점 등은 재고품에 대해서도 공제받을 수 있습니다. 다만 보통 건물 등은 10년 이내에 취득한 것과 차량, 비품 등의 기타 감가상각자산은 2년 이내의 것으로 한정됩니다.

세액계산 방법

재고품 : 재고금액 × $\frac{10}{110}$ × (1 - 0.5% × $\frac{10}{110}$)

건물 또는 구축물 : 취득가액 × (1 - 체감률 × 경과된 과세기간의 수) × $\frac{10}{110}$ × (1 - 0.5% × $\frac{10}{110}$)

* 체감률 : 건물·구축물 5%, 기타 감가상각자산(차량, 비품 등) 25%

* 경과된 과세기간의 수 : 과세기간 단위 (1. 1 ~ 6.30 | 7.1 ~ 12.31)

예를 들어 간이과세자로 트럭을 구입해서 사용하다 일반과세자로 전환되었다고 가정해 봅니다.

사업자등록 : 2024년 8월 1일, 트럭 3,300만 원

(vat 300만 원 포함)으로 구입

2025년 7월 1일 일반과세자로 전환

체감률 : 25%, 경과된 과세기간의 수 : 2

3,300만 원 × (1 - 25% × 2) × $\frac{10}{110}$ × (1 - 0.5% × $\frac{10}{110}$) = 1,417,500원 (매입세액공제금액)

2024년 8월 1일 트럭 구매시 간이과세자여서 공제받지 못했던 트럭의 부가가치세 금액 중 1,417,500원을 2025년 7월 1일 일반과세자로 전환되면서 돌려받게 됩니다.

일반과세자에서 간이과세자로

이와 반대로 일반과세자에서 간이과세자로 전환되는 경우에는 일반과세자에서 공제받았던 부분을 다시 정산해서 내야 하는 재고납부세액의 납부가 있습니다. 매출이 증가하여 간이과세자가 일반과세자로 전환될 때는 선택할 수 없는 강제사항이지만, 일반과세자에서 간이과세

자로 전환될 때는 임의로 선택을 할 수 있습니다. 계속 일반과세자로 사업을 하고 싶다면 그대로 일반과세자를 유지하는 것도 가능합니다. 간이과세포기신고를 통해서입니다. 간이과세포기신고서를 과세기간 끝나기 전까지 세무서에 제출하면 됩니다. 일반적으로 6월 30일 전까지 해당 사업장의 성격과 재고납부세액 등을 고려해서 일반과세자로 계속할지, 간이과세자로 전환할지를 선택하여야 합니다.

■ 부가가치세법 시행규칙 [별지 제43호서식] <개정 2014.3.14>

홈택스(www.hometax.go.kr)에서도 신청할 수 있습니다.

간이과세 [√] 포기 [ ] 적용 신고서

※ [ ]에는 해당하는 곳에 √ 표시를 합니다.

접수번호		접수일		처리기간 즉시	
신고인 인적사항	상호(법인명)	옛날제과점		등록번호	451-34-13457
	성명(대표자명)	단팥빵		전화번호	
	사업장(주된 사업장) 소재지	경기도 고양시 일산동구 중앙로 1305-30			
	업태	제조		종목	제과점

신고내용

「부가가치세법」 제61조제3항 및 같은 법 시행령 제109조제4항 또는 제116조제2항에 따라 간이과세의 적용을 받기 위하여 신고합니다.

[ ] 간이과세 적용신고	신규 사업자	사업시설착수 연월일 또는 사업 개시 연월일	간이과세를 적용받으려는 과세기간	연간공급대가 예상액
	기존 사업자	간이과세를 포기한 과세기간 개시연월일	간이과세를 적용받으려는 과세기간	간이과세를 포기한 날부터 적용받으려는 과세기간 개시일까지의 경과연수

「부가가치세법」 제70조제1항·제2항 및 같은 법 시행령 제116조제1항에 따라 아래 과세기간부터 일반과세를 적용받기 위하여 간이과세의 포기를 신고합니다.

[√] 간이과세 포기신고	간이과세를 포기하려는 과세기간	2025 년 제 2 기 (2025 . 7 . 1 .부터)

2025 년 6 월 6 일

신고인   단팥빵   (서명 또는 인)

고양 세무서장 귀하

첨부서류	없음	수수료 없음

작성방법

※ 해당되는 신고사항에 [√]표시하고 해당 사항을 적은 후 작성일과 신고인란에 서명 또는 날인하여 제출합니다.

210mm×297mm[백상지 80g/㎡(재활용품)]

■ 부가가치세법 시행규칙 [별지 제18호서식]　　　　　　　　　　홈택스(www.hometax.go.kr)에서도 신청할 수 있습니다.

[　]일반
[√]간이　　　　　　　　]과세전환 시의 재고품등 신고서

※ 아래의 작성방법을 읽고 작성하시기 바랍니다.

접수번호	접수일	처리기간	즉시

1. 신고인 인적사항

① 상호(법인명)	옛날제과점	② 사업자등록번호	451-34-13457
③ 성명(대표자명)	당팥빵	④ 전화번호	
⑤ 사업장(주된 사업장) 소재지	경기도 고양시 일산동구 중앙로 1305-30		
⑥ 업태	제조	⑦ 종목	제과점

2. 과세유형 전환 내용

※ 일반과세자로 유형전환 시 작성합니다.		※ 간이과세자로 유형전환 시 작성합니다.	
⑧ 일반과세 적용시기	년 월 일부터	⑩ 간이과세 적용기간	2025년 7월 1일부터 년 월 일까지
⑨ 일반과세 적용사유	일반과세전환통지 / 간이과세포기신고 / 기타	⑪ 간이과세 전환통지일	2025년 6월 10일

3. 재고품, 건설 중인 자산 및 감가상각자산 명세

⑫ 품명	⑬ 규격	⑭ 수량	⑮ 단가	⑯ 금액(부가가치세포함)	⑰ 재고매입세액	⑱ 보관장소	⑲ 취득일(감가상각자산만 해당함)
상품				3,300,000	300,000		
제빵기				22,000,000	500,000		2023.06.01

「부가가치세법 시행령」 [　]제86조제1항에 따라 일반 [√]제112제1항에 따라 간이 과세전환 시의 재고품등을 신고합니다.

2025년 7월 20일

신고인　　　　　　　당팥빵 (서명 또는 인)

고양 세무서장　귀하

첨부서류	없음	수수료	없음

작성방법
1. ① ~ ⑦은 사업자의 기본사항을 작성합니다.
2. ⑧, ⑨는 간이과세자에서 일반과세자로 유형전환된 사업자가 적습니다.
3. ⑩, ⑪은 일반과세자에서 간이과세자로 유형전환된 사업자가 적습니다.
4. ⑫ ~ ⑲는 과세유형전환 시의 재고품 및 감가상각자산 명세를 적습니다.
5. 해당되는 신고사항에 [√]표시하고 작성일을 적은 후 신고인란에 서명 또는 날인하여 제출합니다.

210mm×297mm[백상지 80g/㎡(재활용품)]

08

사업장이 여러 개일 때 편리하게 신고하는 방법은?

Q 장사가 잘되다 보니 다른 곳에도 점포를 개설하고 싶습니다. 여러 개 점포를 내고 싶은데 각각 사업자등록을 하려다 보니 불편할 것 같습니다.

A 사업장마다 사업자등록을 하고 부가가치세신고를 해야 하는 게 원칙이지만 사장님이 불편하지 않도록 한 개 사업자로 합쳐서 신고·납부하는 제도가 있습니다.

둘 이상의 사업장을 가진 사장님이 세금신고와 납부를 여러 군데에 하는 번거로움을 해소 해주기 위해 사업자 단위 과세제도가 나왔습니다. 사업장마다 사업자등록증을 발급하도록 법에서 정했기 때문에 여러 개 점포를 운영할 때는 각각의 점포마다 따로따로 관리해야 했습니다. 이러면 각각의 매장마다 세금계산서를 따로 받아야 하니 물건을 납품하는 거래처에서도 여러 장의 세금계산서를 건네줘야 했습니다. '어차피 사장인 내가 세금을 신고하고 납부하는데 여러 개를 따로 할 필요가 있을까?' 누군가 이런 생각에 제도 개선을 요구했던 것 같습니다. 우리나라의 전산화가 빠르게 진행되어 세무서에서도 흩어져 있는 사업장 관리가 수월해진 것도 한몫했습니다. 그래서 사업장별로 처리하는 업무의 부담을 줄이고 납세 편의를 가져올 수 있도록 하였습니다. 사업자단위과세를 신청하면 한 개의 사업자등록번호로 세금계산서를 발급하거나 받을 수 있고 부가가치세신고도 한 장에 작성해서 제출할 수 있게 되었습니다. 당연히 납부도 한 번만 하면 됩니다.

구분	사업장별	사업자단위
사업자등록번호	사업장별로 번호 존재	주사업장 번호로 통일
세금계산서 수취 및 발급	각 사업장마다 받음	주사업장 번호로 받음
부가가치세신고	각 사업장별로 신고	주사업장에서 한 번에 신고
부가가치세납부	각 사업장별로 납부	주사업장에서 한 번에 납부
제도의 장점	각 사업장 매출파악 용이	납세의무 이행의 간편함

사업자단위과세를 신청하려면

사업자단위과세를 적용받으려면 신청 기간이 있습니다. 이미 사업장별로 사업자등록이 되어있을 때는 과세기간 개시 20일 전까지 사업자단위과세 변경 신청을 해야 합니다. 과세기간은 보통 1월부터 6월, 7월부터 12월로 나누어져 있습니다. 과세기간 개시는 1월 1일, 또는 7월 1일입니다. 따라서 과세기간 개시 20일 전인 6월 10일, 또는 12월 11일 전까지 신청을 하여야 합니다. 그 이후에 신청하면 세무서에서 처리하는데 시간이 부족하므로 다음 과세기간부터 사업자 단위로 적용되지 않으니 주의하여야 합니다.

사업 초기에 2개 이상의 사업장으로 시작하는 경우에는 사업자등록을 신청하면서 동시에 '사업자단위 과세사업자의 종된 사업장 명세서'를 제출하면 하나의 사업자단위과세사업자가 됩니다.

사업장이 한 개 있는 사업자가 추가로 두 번째 사업장을 내면서 사업 개시일이 속하는 과세기간부터 사업자단위과세사업자로 적용받으려는 경우에는 추가하는 두 번째 사업장의 사업 개시일부터 20일 이내에 사업자의 본점 또는 주사무소 관할 세무서에 변경등록을 신청해야 합니다.

예를 들자면 계속 사업장이 있는 상태에서 사업장을 추가하는 경우

A 사업장 : 계속사업자

B 사업장 : 2025.8.11. 사업개시

사업자단위과세 신청 : 8.31.까지 B 사업장 사업자등록과 사업자단위
과세자 변경등록 신청을 함께 함

사업자단위를 포기하려면

사업자단위로 신청했다가 점포별로 관리하는 게 낫다고 판단되면 다시 원래대로 각각 분리할 수 있습니다. 이때는 사업자단위과세포기신고서를 작성해서 제출하면 됩니다. 이것도 마찬가지로 과세기간 개시 20일 전까지 주 사업장 세무서에 신청해야 합니다.

사업자단위과세 신청시 주의할 사항은

다만 사업자단위과세사업자를 고려하기 위해서는 주의할 사항이 있습니다. 특히 소비자를 상대로 하는 사업장의 경우 부가가치세의 신용카드 발행세액공제 한도에서 차이가 발생합니다.

현행 1천만 원까지 세액공제를 받을 수 있는데 각각의 사업장에 1천만 원까지 세액공제가 되는 데 반해 사업자단위과세자일 경우에는 모든 사업장을 합쳐서 1천만 원까지 세액공제가 됩니다.

> 둘 이상의 사업장이 있는 사업자가 사업자단위과세사업자로 등록한 경우, 사업자단위과세적용사업장에서 부가가치세신고 시 모든 사업장의 신용카드 매출전표 등 발급액과 전자적 결제수단으로 결제 받은 금액을 합산하여 신용카드 등의 사용에 따른 세액공제 등을 적용하는 것임.
>
> (국세청 전자세원과-381, 2010.06.28.)

따라서 음식점 등 소비자를 상대로 하는 사업장에서 신용카드 결제가 빈번하다면 사업자단위과세사업자로 할지 안 할지를 고민해 봐야 합니다.

QUIZ 면세사업자도 사업자단위과세 신청을 할 수 있나요?

면세사업자는 사업자단위과세 신청을 할 수 없습니다.
사업자단위과세는 부가세를 납부하는 과세사업자만 해당합니다.

09

개인사업자를 법인사업자로 바꾸는 시점은?

Q 온라인 쇼핑몰을 하고 있습니다. 몇 년 고생하다가 어느 정도 자리를 잡아서 매출이 늘고 있는데 세금 걱정이 큽니다. 주위에서는 법인으로 전환하라고 하는데 언제 해야 하는지요?

A 개인사업자로 하다가 법인으로 바꾸려고 하시는 분들이 많습니다. 매출이 크고 투자를 받아야 한다면 법인이 유리하기도 합니다. 그럼 어느 시점에 바꾸는 게 나은지 살펴보겠습니다.

애완동물을 위한 온라인 플랫폼 사업을 하는 A대표님은 회사를 키워서 투자 받기를 원하십니다. 그에 반해 애완동물을 위한 사료를 판매하는 B대표님은 법인보다 개인사업자로 계속할 생각이십니다. 두 분의 차이는 무엇일까요?

개인사업자를 법인으로 바꾸는 것은 여러 가지 고민을 해야 할 부분입니다. 매출이 늘어서 세금을 줄이는 목적일 수도 있고 개인사업자보다 법인이 규모가 있어 보이기 위해서일 수도 있습니다. 또는 투자자를 유치하기 위해서일 수도 있습니다. 세상의 모든 사업이 한 가지 이유로 정해지진 않습니다. 개인사업자와 법인사업자 간에도 마찬가지입니다.

세금이 많다면 법인전환을 고려

우선 세금을 절세하는 측면을 살펴보겠습니다. 개인사업자의 소득세율은 6%~45%입니다. 이에 비해 법인사업자는 세율 구간이 9%, 19%, 21%, 24%로 단순하게 되어있습니다.

내가 총 벌어들인 수입에서 모든 비용을 뺀 소득, 즉 과세표준 금액이 3억이라고 가정해 봅시다. 개인사업자일 경우에는 대략 소득세가 9,400만 원 정도입니다. 법인의 과세표준 금액이 3억일 경우 법인세로 3천 7백만 원 정도 냅니다. 개인소득세보다는 법인세가 훨씬 적게 납부를 합니다. 다만 법인을 실제로 운영하는 대표자님이 급여를 가져가야 하므로 단순 비교는 어렵습니다. 급여로 3억 원을 가져간다면 법인세는 없겠지만 대표자 급여에 대한 소득세는 개인사업자로 계산한 소득세와 비슷하게 됩니다. 그래서 법인을 운영하는 경우에는 대표자 급여와 주식에 대한 배당소득을 적절히 분배해야 세금을 절약 할 수 있습니다.

결국 세금 측면에서는 매출이 많이 늘고 이익이 많이 날 때 법인으로 전환하는 게 유리합니다. 다만 법인은 대표자가 주인이 아니라 주주가 주인이기 때문에 대표자 마음대로 회사 돈을 빼내거나 사용할 수 없습니다. 그래서 개인사업자보다 관리하는 데 어려움이 있어 세금을 더 내더라도 마음 편하게 돈을 꺼낼 수 있는 개인사업자를 선호하는 사장님도 있습니다.

관공서 입찰을 해야 한다면

다른 측면에서는 법인사업자가 개인사업자보다 규모가 있어 보이는 경우입니다. 관공서에 입찰을 들어가거나 대외적인 이미지가 중요할 때에는 법인사업자를 개인사업자보다 더 신뢰하는 경향이 있습니다. 아무리 1인 주주 회사이어도 법인은 어느 정도 관리를 하는 업체라고 여기게 됩니다. 앞에서 말했듯이 개인사업자보다 관리하는데 까다로우므로 법인을 한다는 것은 어느 정도 틀이 갖춰졌다고 생각하게 합니다.

또한 투자하고자 하는 사람들은 개인보다 법인에 투자하면 주식 등의 지분을 직접 가질 수 있어서 더 선호합니다. 이런 이유로 법인사업자로 사업을 할 때 개인사업자보다 유리한 점이 있습니다.

법인으로 할지 개인으로 할지를 정할 때는 여러 가지 요소들을 따져보고 나의 사업에 적합한 것을 선택하는 게 제일 좋습니다.

개인 vs 법인 장단점 비교

구분	개인	법인
장점	· 사업자등록하기 쉬움 · 수익금을 마음대로 사용가능 · 자본금, 등기, 이사회 등 필요없음 · 법인전환시 영업권 설정해서 기타소득으로 절세가능	· 대외 공신력이 높음 · 개인사업자보다 세율이 낮음 (최대24%) · 자금조달이 용이 · 법인전환시 영업권 비용처리로 절세 가능
단점	· 개인 무한 책임 · 소득세율이 법인세율보다 높음 · 외부인지도가 낮음 · 공공기관 계약에 불리할 수 있음	· 설립절차 및 세무관리가 복잡함 · 대표자 마음대로 수익금을 가져갈 수 없음 · 증빙에 의해 정확한 회계처리 · 매출액 100억 원이상 등 일정조건 충족시 외부회계감사 대상임

> 당신의 심장이 빨리 뛰는 대신
> 행동을 더 빨리하고
> 그것에 대해 생각해보는 대신
> 무언가를 그냥 하라.

．
．
．
．
．

알리바바 창업자 마윈

PART 5
이것만 알아도 5천만 원 세금을 줄일 수 있다

01

소득공제와 세액공제의 차이점은?

Q 직장인과 사업자는 소득세 신고할 때 국가에서 각종 공제를 두어서 세금부담을 줄여주고 있다고 하는데 소득공제랑 세액공제 등의 용어가 헷갈리네요.

A 국가에서는 특정 목적의 소득과 세금에 대해서 납부 부담을 줄여주기 위해 각종 공제제도를 두고 있습니다.

직장인은 연말정산, 사장님은 소득세신고

직장에 다니는 홍반장은 연말이 다가오면 일 년간 급여에 대해서 정산을 하는 연말정산을 합니다. 동네에서 치과를 운영하는 윤치과는 매년 발생한 소득에 대해서 다음 해 5월에 종합소득세 신고를 합니다. 둘 다 세금 정산을 하는데 홍반장은 연말정산을 하면 신이 나고 윤치과는 울상입니다. 왜 이런 일이 생길까요?

 직장인은 근로에 대한 소득세를 내게 되는데 회사가 근로소득세를 먼저 징수해서 냅니다. 그리고 1년간 원천 징수한 소득을 연말에 실제 내야 할 세금으로 정산을 하는데 이것을 연말정산이라고 합니다. 이때 각종 소득공제와 세액공제·감면 등을 적용받게 되고, 내야 할 소득세가 따라서 줄어들게 됩니다. 회사가 매월 원천징수했던 근로소득세에서 각종 공제감면을 빼주다 보면 세금 일부를 돌려받을 수 있습니다. 그에 반해 윤치과는 1년간 벌어들인 소득에 대해서 다음 해 5월에 신고하게 되니 한번에 낼 세금이 많아집니다. 소득이 더 많은 사업자는 성실신고확인대상자로 구분해서 6월 말까지 신고하고 내도록 하고 있습니다.

 근로소득자와 사업소득자의 신고 차이를 구분했으면 이제는 소득공제와 세액공제를 알아보겠습니다.

세금을 줄이려면 소득공제가 많아야

국가에서는 여러 목적을 위해서 납부 할 세금을 줄일 수 있도록 하고 있습니다. 예를 들어 인적공제라 해서 부양가족이 많으면 경제적으로 힘든 것으로 봐서 소득금액에서 부양가족 수만큼의 금액을 빼주고 있습니다. 여기에는 근로소득자와 사업소득자가 공통으로 소득공제를 받는 인적공제가 있고 근로소득자만 받는 특별공제 항목이 있습니다. 그래서 직장을 다니다 개인사업을 하는 분들이 간혹 특별공제에 대해서 혼동을 갖는 경우가 있습니다.

대표적인 것이 '신용카드 등 사용금액 소득공제'입니다. 근로자만 해당하고 사업자는 해당하지 않습니다. 이유는 사업자는 사업과 관련된 신용카드 사용금액은 필요경비로 장부에 반영되어 소득금액을 줄여주었기 때문입니다.

그럼 소득공제와 세액공제의 차이는 무엇일까요?

말 그대로 소득공제는 소득에서 공제를 해주는 것이고 세액공제는 낼 세금에서 직접 빼준다는 의미입니다.

◎ 과세표준 : 소득금액 - 소득공제

◎ 산출세액 : 과세표준 × 세율

◎ 결정세액 : 산출세액 - 세액공제

소득공제는 세금이 부과되는 대상 금액을 줄여줍니다. 대표적으로 소득공제인 부양가족공제는 1인당 150만 원씩 소득에서 빼주고 있습니다.

예) 소득금액 5천만 원, 부양가족 5명일 경우

5명 × 150만 원 = 750만원 (부양가족 공제금액)

5천만 원 - 750만원 = 42,500,000원 (과세표준금액)

이렇게 계산을 하고 나서 소득세율을 적용합니다. 소득세율은 누진세율이어서 소득이 많은 경우 높은 세율을 적용받습니다. 그러다 보니 소득이 많은 경우에는 소득공제를 많이 받을수록 계산되는 세금이 줄어듭니다. 예를 들어 소득이 3천만 원인 A 씨와 1억 원인 B 씨는 동일하게 소득공제를 1천만 원 받는다고 가정해 보겠습니다.

A : 과세표준 2천만 원(3천만 원 - 1천만 원) × 15% - 누진공제 (126만 원) = 1,740,000원 납부

따라서 1천만 원 소득공제로 세금이 줄어드는 금액은 약 150만 원입니다. (1천만 원×15%)

B : 과세표준 9천만 원(1억 원 - 1천만 원) × 35% - 누진공제
(1,544만 원) = 16,060,000원 납부

따라서 1천만 원 소득공제로 세금이 줄어드는 금액은 약 350만 원입니다. (1천만 원 × 35%)

소득공제금액은 둘 다 1천만 원으로 똑같지만, 세금이 줄어드는 효과는 확연히 차이가 발생합니다.

▲ 2025년 종합소득세율(근로소득세율)표

	세율	누진공제
1,400만 원 이하	6%	0원
1,400만 원 ~ 5,000만 원	15%	126만 원
5,000만 원 ~ 8,800만 원	24%	576만 원
8,800만 원~1억5천만 원	35%	1,544만 원
1억5천만 원~3억 원	38%	1,994만 원
3억 원~5억 원	40%	2,594만 원
5억 원~10억 원	42%	3,594만 원
10억 원 초과	45%	6,594만 원

다양한 세액공제를 살펴봐야 한다

이에 반해 세액공제는 산출되어 나온 세금에서 일정 부분을 공제해 주

는 방식입니다. 대표적으로 특별세액공제, 기장세액공제, 외국납부세액공제, 성실신고확인비용 세액공제, 조특법상 세액공제·감면 등입니다.

소득공제와 세액공제는 세금을 줄여준다는 취지는 같지만, 세금을 계산하는 단계가 다르기 때문에 차이가 있습니다. 소득공제의 경우 소득금액에서 차감하기 때문에 세금을 계산하는 대상인 과세표준금액을 줄여주고, 세액공제는 세율을 곱해 나온 산출세액에서 차감하여 납부세액을 줄여줍니다. 이런 차이 때문에 세율이 적용되기 전에 빼주느냐, 세율이 적용된 이후에 빼주느냐의 차이가 생깁니다. 그러다 보니 소득이 많은 고소득자는 소득공제가 유리하고 소득이 낮은 저소득자는 세액공제가 유리합니다.

구분	소득공제	세액공제
방식	소득금액에서 차감	산출된 세액에서 차감
대상	과세표준의 크기를 줄여 줌	결정세액의 크기를 줄여 줌
효과	누진세율에 따라 세금이 절약	세금에서 해당 공제만큼 절약
절세효과	고소득자에게 유리	저소득자에게 상대적으로 유리

이런 차이점으로 인해 소득이 높은 사업자는 소득공제를 많이 받을

수 있도록 플랜을 짜는 게 유리합니다. 소득이 낮은 사업자는 세액공제를 많이 받는 게 상대적으로 유리할 수 있습니다. 그리고 세액공제 항목은 조세특례제한법에서 혜택을 주는 항목들이 많습니다. 고용을 증대시키거나 중소기업이 투자한 금액에 대해 세제혜택을 주는 등 해당 사업장에 적용할 수 있는 다양한 세액공제·감면들을 활용하면 절세를 할 수 있습니다.

02

기장만 해도 세금이 줄어든다!

Q 매출이 조금씩 늘고 있어서 세금 신고할 때 고민입니다. 세금 신고를 직접 하기에는 세법과 회계가 복잡해서 맡겨야 할지요?

A 매출이 늘기 시작하면 여러 가지 신경 쓸 일이 많아집니다. 그중 하나가 장부를 작성하고 세금을 신고하는 일입니다. 이런 일을 대행해 주는 직업이 세무사입니다.

주얼리를 만들어 판매하는 이하늘 씨는 요즘 세금신고로 걱정입니다. 처음에는 소소하게 작업해서 팔던 제품들이 입소문을 타면서 점점 물량이 늘어났습니다. 업무 보조 아르바이트생도 뽑았고 작업장도 넓은 곳으로 이사를 했는데 이렇게 들어간 비용을 어떻게 기록해야 경비처리가 가능한지 고민이 되었습니다. 주위에서 장부를 작성해야 한다고 하면서 차라리 세무회계업무를 대행해 주는 세무사 사무실에 맡기라고 합니다. 규모가 아주 많이 커지면 경리 직원도 두고 할 텐데 지금은 혼자 하기엔 벅차고 어디에 맡기자니 수수료가 들어가서 결정을 못 하고 있습니다.

"기장해야 해"라고 주변에서 얘기할 때 "기장이 뭐지?"라고 생각합니다. 기장은 장부를 기록하는 것을 말합니다. 소득세 등을 신고하기 위해서는 장부작성을 근거로 해야 합니다. 벌어들인 수입에서 인건비가 지출되고, 임대료 나가고, 각종 상품 구입비로 쓰인 내역을 기록해야 합니다. 그래야 세무서에서 장부를 보고 세금신고를 제대로 하였는지 확인할 수 있습니다. 다만 영세한 소규모 업체들은 장부를 만들기 어려우므로 국가에서 정해준 일정 비율대로 소득세를 신고하게끔 추계신고제도를 두고 있습니다. 가령 의류를 판매하는데 일 년에 총매출이 6천만 원이 안 넘으면 장부를 작성하지 않고 단순경비율이나 기준경비율에 따라 경비를 반영한 신고서를 작성할 수 있습니다.

추계적용대상

업종별	전기 매출액 (수입금액)		당해연도 수입금액
	단순경비율 적용대상	기준경비율	
농업·임업 및 어업, 광업, 도매 및 소매업 (상품중개업을 제외한다), 부동산매매업, 아래에 해당하지 아니하는 사업	6천만 원 미만자	6천만 원 이상자	3억 원 미만
제조업, 숙박 및 음식점업, 전기·가스·증기 및 공기조절 공급업, 수도·하수·폐기물처리·원료재생업, 건설업(비주거용 건물 건설업은 제외), 부동산 개발 및 공급업(주거용 건물 개발 및 공급업에 한정), 운수업 및 창고업, 정보통신업, 금융 및 보험업, 상품중개업, 욕탕업	3천6백만 원 미만자	3천6백만 원 이상자	1억5천만 원 미만
부동산 임대업, 부동산업(부동산매매업 제외), 전문·과학 및 기술 서비스업, 사업시설관리·사업지원 및 임대서비스업, 교육 서비스업, 보건업 및 사회복지 서비스업, 예술·스포츠 및 여가관련 서비스업, 협회 및 단체, 수리 및 기타 개인 서비스업, 가구내 고용활동	2천4백만 원 미만자	2천4백만 원 이상자	7천5백만 원 미만

수리 및 기타 개인서비스업 중에 작가, 배우, 가수, 직업운동가, 보험모집인, 강사 등의 인적용역은 '23년 귀속부터 직전연도 기준수입금액 3천 6백만 원을 적용. (「부가가치세법 시행령」 제42조 제1호)

기준경비율 적용 예를 들면 치킨집을 운영하는 사장님이 2023년(재작년) 수입금액이 5,000만원이고 2024년(작년) 수입금액이 1억원이라면 2025년(올해) 5월 종합소득세 신고유형은 음식점 수입금액인 3,600만 원을 넘어서 기준경비율 적용 대상이 됩니다.

2023년(재작년) 수입금액 : 5천만 원

2024년(작년) 수입금액 : 1억 원

2025년(올해) 5월 종합소득세 신고유형 : 기준경비율 적용대상 (재작년 수입금액이 3천6백만 원을 넘어 단순경비율 적용은 제외)

이렇게 하는 게 장부를 작성하는 것보다 불리하다면 실제 들어간 경비를 반영해서 신고할 수도 있습니다. 일반적으로 매출이 늘어날 때는 장부를 작성해서 신고하는 게 유리합니다.

왜냐하면, 매출이 늘게 되면 단순경비율 적용이 안 되고 기준경비율을 적용하는데 기준경비율은 인정해 주는 비용이 많지 않습니다. 그래서 실제 비용에 대한 장부를 작성하는 게 유리할 뿐만 아니라 일정 금액이 넘으면 복식장부를 작성하도록 국세청에서는 권하고 있고, 이행하지 않을 때는 무거운 세금과 가산세를 부과하고 있습니다.

기장할 때 이익

사업을 운영하면서 기장을 하게 되는 이점이 기장을 안 했을 때 발생하는 위험에 비해 훨씬 큽니다.

첫째는 장부작성을 통해서 실제 벌어들인 수입을 정확히 파악할 수 있습니다. 해외 유명 석학인 피터 드러커는 "측정할 수 없는 것은 관리할 수 없고, 관리할 수 없는 것은 개선할 수 없다"라고 말했습니다. 회사는 재무제표라고 불리는 재무상태표, 손익계산서 등을 통해서 얼마를 벌고 얼마를 지출하는지 파악할 수 있습니다. 장부를 통해서 앞으로 세금을 얼마 낼지, 대출은 어느 정도 가능한지, 앞으로 수익성은 나아질지 등을 알 수 있게 해주는 기본이 장부작성입니다.

둘째는 사업 초기에는 들어가는 비용이 많아지므로 투자 대비 수입이 적은 경우가 많습니다. 그래서 첫해에 손실이 발생할 수 있습니다. 이런 손실금액은 다음 해 이익이 날 때 이익금에서 빼주기 때문에 세금이 줄어들게 됩니다. 그런데 장부를 만들지 않으면 손실금액을 파악할 수 없어 이익에서 차감할 수 없습니다. 당연히 안 내도 되는 세금을 내는 상황이 생깁니다.

셋째는 매출이 일정액을 넘으면 장부작성 해야 하는데 안 하면 가산세를 부과하고 있습니다. 일부 소규모 사업자를 제외하고 간편장부대상자나 복식부기의무자가 기장을 하지 않으면 산출세액의 20%를 가산세로 내야 합니다.

간편장부대상자 중 무기장가산세 제외 소규모 사업자

① 신규로 사업을 개시한 사업자
② 직전 연도 수입금액이 4,800만 원 미만인 사업자
③ 연말 정산한 사업소득만 있는 사람 (예 : 보험모집인)
※ 무기장 가산세 : 산출세액의 20%

넷째는 장부작성 유형 중에 간편장부대상자가 복식부기에 따라 장부를 만들 경우 종합소득산출세액의 20%를 100만 원 한도로 공제해 줍니다. 이것이 기장세액공제입니다. 매년 종합소득세 신고 때가 오면 신고 안내문에 본인의 소득세 신고유형이 나옵니다. 일정 매출액이 넘지 않으면 간편장부대상자로 되어있을 때 복식부기로 장부를 작성해서 재무제표를 만든다면 최대 100만 원까지 세금을 줄일 수 있습니다.

무엇보다 세무사 사무실에 세무기장을 의뢰하면 장부작성과 세무신고뿐만 아니라 다양한 세액감면, 공제 등을 상담받아 나의 사업장에 해당하는 절세혜택을 챙길 수 있습니다. 또한 요즘은 직원을 고용했을 때 4대 보험과 관련한 업무도 기장하면서 추가로 진행하고 있습니다. 세무사 사무실은 미국의 회계사처럼 창업자가 사업을 시작할 때부터 문을 닫을 때까지 전반적인 관리를 하기 때문에 직접 하기보다는 기장을 맡기고 사업에 전념하는 게 장기적으로 낫습니다. 어느 정도 매출이 늘고 경리 직원이나 회계팀을 갖추는 시점이 오면 사장님도 재무제표를 볼 수 있는 지식을 갖춰야 하지만 사업 초기에는 세무전문가의 지식을 활용해서 회사를 운영하는 게 효율적입니다.

03

절세의 기본!
노란우산공제와 연금저축

Q 온라인 쇼핑몰을 운영하고 있는데 이익이 늘어 세금 걱정을 하니 옆에서 노란우산공제와 연금저축에 가입하면 세금이 줄어든다고 하네요. 가입해도 될까요?

A 노란우산공제와 연금저축은 사업자분들이 가입하시면 소득세도 줄일 수 있고 여러 방면으로 도움이 됩니다.

노란우산공제

주변에서 노란우산공제를 가입하라는 얘기를 한 번쯤 들어보았을 겁니다. 노란우산공제는 소기업 또는 소상공인이 폐업이나 노령 등으로 인해 생활이 어려워지는 것을 대비하고 사업 재기의 기회를 얻을 수 있도록 운영되는 사업주의 목돈마련 제도입니다. 또한 연간 최대 600만 원까지 소득공제를 받을 수 있어서 소득세를 절약할 수 있는 가장 좋은 공제상품입니다.

 노란우산공제의 장점을 얘기하면 첫째는 소득세 납부금액에 대해 연간 500만 원까지 추가로 소득공제가 된다는 것입니다. 사업소득에 따라 소득에서 공제해 주는 한도가 달라지긴 하지만 사업에서 이익이 많이 날수록 가입금액에 따라 절세효과가 커집니다.

예를 들어 사업소득이 1억 원 이하일 경우에는 월 25만 원씩 12개월을 냈으면 소득세가 49만 원~115만 원 정도 절세가 됩니다.

절세효과표

구분	사업 (또는 근로) 소득금액	최대 소득공제 한도	예상세율	절세효과
개인·법인대표	4천만 원 이하	600만원	6.6% ~ 16.5%	330,000원 ~825,000원
개인	4천만 원 초과 1억 원 이하	400만원	16.5% ~ 38.5%	495,000원 ~1,155,000원
법인 대표	4천만 원 초과 6,656만 원 이하	400만원	16.5% ~ 38.5%	495,000원 ~1,155,000원
개인	1억 원 초과	200만원	38.5% ~ 49.5%	770,000원 ~ 990,000원

※ 위 예시는 노란우산 소득공제만을 받았을 경우의 예상 절세효과 금액입니다.

둘째는 노란우산공제에 납입한 공제금은 법에 따라서 압류, 양도, 담보 제공이 금지되어 있습니다. 압류를 할 수 없으므로 안전하게 생활 안정과 사업 재기를 위한 자금으로 활용할 수 있습니다. 또한 납입한 금액 전액이 적립되고 복리 이자로 적용되기 때문에 폐업 시 일시금 또는 분할금 형태의 목돈을 돌려받을 수 있습니다.

셋째는 공제에 납입한 금액 한도에서 대출을 받을 수 있습니다. 공제 부금을 연체하지 않은 가입자라면 임의해약환급금의 90% 이내에서 대출이자 3.9%(변동금리)의 조건으로 사업 자금에 활용할 수 있습니다.

그리고 중소기업중앙회가 부담해서 무료로 상해보험에 가입을 해주기 때문에 사망이나 후유장해가 발생했을 때 도움 받을 수 있습니다.

노란우산공제는 폐업했을 때 가입 이후부터 적립했던 공제금액을 받을 수 있습니다. 그렇지만 폐업이 아니라 임의로 해약을 할 경우에는 해약환급금에 대해 기타소득 금액으로 보고 세금을 납부하게 됩니다.

기타소득세 = 기타소득금액 × 법정세율

① 기타소득금액 = 해약환급금 - (부금납부액 - 실제 소득공제액)
② 법정세율 : 소득세 15% + 지방소득세 1.5%

연금저축

소득세를 줄이는 절세상품으로 연금저축을 들 수 있습니다. 사업을 하면서 여유자금이 생기거나 노후를 대비한다면 연금저축에 가입해서 세액공제를 받는 것이 좋습니다. 세액공제는 연간 600만 원 한도로 저축을 하였을 때 납입액의 12%를 세액공제 받을 수 있습니다. 예를 들어 일 년간 600만 원을 연금저축상품에 납입하였다면 72만 원 세금을 줄일 수 있습니다. 가입 기간은 보통 10년 정도로 중도에 해지하게 되면 불이익이 있습니다. 소득공제를 받은 사람은 저축 가입일로부터 5년 이내에 해약하면 해약 시까지의 저축 불입액의 4%를 저축금액에서 추징합니다. 또한 계약만료 전에 해지하거나 만료 후 연금 외의 형태로 받게 되면 기타소득으로 보아 소득세를 부과합니다. 그래서 연금저축은 노후에 연금으로 쓰겠다는 명확한 목적이 없이 단순히 세금을 줄이려고 가입하면 큰 이익이 없을 수도 있습니다.

노란우산공제와 연금저축을 둘 다 가입하면 좋지만, 자금의 여유가 없다면 제일 먼저 노란우산공제를 가입하는 게 유리합니다. 세금이 절세되는 부분과 나중에 매장을 폐업했을 때 목돈으로 바로 받을 수 있는 노란우산공제를 먼저 가입하기를 권해드립니다.

창업시 절세 요령 순서

▼ 창업세액 감면 대상 확인하기
▼ 통합투자 세액공제 대상인지 확인하기
▼ 추가할 부양가족 확인하기
▼ 노란우산공제 가입하기
▼ 직원 퇴직연금 가입하기
▼ 여유있으면 연금저축 가입하기

04

성실신고확인대상이 되었을 때 세제혜택은?

Q 세무서에서 올해부터 성실신고확인대상자라고 연락이 왔습니다. 혹시 성실하게 신고하지 않아서 나온 건가요? 걱정되네요.

A 성실하게 신고하지 않아서 나온 것은 아닙니다. 일정한 매출이 넘으면 성실히 신고해야 하는 대상에 해당하신 거예요.

사장님 : 장사가 좀 된다 싶으니까 세무서에서 성실신고확인 대상 자라고 안내문이 나왔네요.

세무사 : 사장님께서 작년에 열심히 일하셨나 봅니다.

사장님 : 에이~ 작년에 신메뉴가 좀 잘 팔려서 그렇지 크게 늘지 않았어요.

세무사 : 매출이 늘어서 좋긴 한데 국세청에서는 일정 매출이 넘는 사업자들은 성실하게 신고하도록 유도하고 있어요. 그중 하나가 성실신고확인대상자를 정해놓은 겁니다.

사장님 : 장사하다 보면 현금을 내는 고객들 것 조금 빠뜨리고 신고할 수도 있는 거지 너무 팍팍한 거 아닌가요?

세무사 : 예전에 근로자는 유리 지갑이고 사업자는 탈세하기가 너무 쉬웠다고 말들이 많았지요. 국가 입장에서는 모든 사람에게 공평한 조건에서 세금을 내도록 해야 하기에 사업자가 매출을 누락시키는 일을 용인해 줄 수는 없어요.

사장님 : 그럼 매출누락만 안 하면 되는 건가요?

세무사 : 매출누락뿐만 아니라 실제로 구입하지 않은 비용을 가짜로 반영하는 것도 못 하게 하고 있습니다.

사장님 : 아. 세금 낼 거 다 내고 장사를 어떻게 해요.
돈 나가는 곳이 얼마나 많은데요.

세무사 : 과거에는 정직하게 신고하면 바보 소리를 들었던 적이 있었죠. 하지만 지금은 전산화가 너무 잘 되어있고 사회가 투명하게 바뀌고 있어서 합법적으로 절세를 하는 것이 더

낫습니다.

사장님 : 그렇긴 한데. 당장 세금을 더 내야 하니…….

세무사 : 성실신고확인대상자가 되시면 세금부담을 조금이나마 덜 어주고자 여러 가지 공제제도를 두고 있습니다.
한번 살펴보겠습니다.

매년 5월은 종합소득신고의 달

사업자는 일 년간 벌어들인 소득에 대해 매년 5월에 종합소득세를 신고하고 납부합니다. 그중 업종별, 기준 수입금액 이상인 사업자를 구분해서 성실신고확인대상자로 정했습니다. 이렇게 한 이유는 일정 규모 이상의 개인사업자들이 성실하게 신고하도록 강제하기 위해서입니다. 성실신고확인제도란 사업자가 종합소득세를 신고할 때 세무대리인에게 사업자의 매출과 비용에 대해서 회계감사를 받듯이 사업자의 매출누락, 가공경비를 계상한 혐의가 없는지 확인하고 성실신고 확인서를 첨부해서 신고하도록 하는 것을 말합니다.

성실신고확인대상이 되는 수입금액은 업종별로 차이가 있습니다. 내가 하는 사업이 도소매라면 해당 매출이 15억 원 이상일 경우에 해당이 됩니다. 제조업이라면 해당연도 매출이 7억 5천만 원 이상이고 서비스업, 학원은 5억 원이 넘으면 대상자가 됩니다.

[성실신고확인대상자 업종기준]

업종별	수입금액
농업·임업 및 어업, 광업, 도매 및 소매업 (상품중개업을 제외), 부동산매매업, 기타 아래 사업이 아닌 경우	해당년도 수입금액 15억 원
제조업, 숙박 및 음식점업, 전기·가스·증기 및 공기조절 공급업, 수도·하수·폐기물처리·원료재생업, 건설업 (비주거용 건물 건설업은 제외), 부동산 개발 및 공급업 (주거용 건물 개발 및 공급업에 한함), 운수업 및 창고업, 정보통신업, 금융 및 보험업, 상품중개업	해당년도 수입금액 7억5천만 원
부동산 임대업, 부동산업 (부동산매매업은 제외한다), 전문·과학 및 기술 서비스업, 사업시설관리·사업지원 및 임대서비스업, 교육 서비스업, 보건업 및 사회복지 서비스업, 예술·스포츠 및 여가관련 서비스업, 협회 및 단체, 수리 및 기타 개인 서비스업 등	해당년도 수입금액 5억 원 이상

성실신고확인대상자는 6월 말까지 신고

신고할 총 수입금액이 업종마다 정해놓은 금액을 넘게 되면 성실신고확인서를 제출해야 합니다. 아무래도 신고 작성과 검토에 시간이 걸리다 보니 매년 종합소득세신고 기간을 넘어 6월 30일까지 신고 납부하도록 하고 있습니다. 5월에서 6월로 한 달간 신고 기간을 연장해 주었습니다. 가령 음식점을 운영하는 사장님의 매출이 9억 원이었다면 업종별 수입금액인 7억 5천만 원을 넘겨서 성실신고확인대상자가 됩니다. 이때 종합소득세신고는 5월 말이 아니라 6월 말까지 하면 됩니다.

성실신고 하면 받는 세액공제들

사업자들의 성실신고에 따른 비용부담과 세금증가를 완화해 주고자 몇 가지 지원 제도를 두고 있습니다.

① 성실신고확인비용 세액공제

성실신고확인 대상자는 세무사나 회계사를 통해서 성실신고확인서를 제출하는 경우 확인서 작성비용의 60%까지 세액공제를 해주고 있습니다. 성실신고확인서는 성실신고사업자들이 종합소득세를 신고하면서 함께 제출해야 하는 서류입니다. 예를 들어 세무사는 종합소득세 신고를 하면서 성실신고확인서 작성비용을 청구합니다. 이 금액은 대략 200만 원 정도인데 청구금액의 60% 정도는 납부할 세액에서 빼주기 때문에 작성비용은 실제로는 80만 원 정도만 부담하게 됩니다. 이 금액도 작성비용으로 지급한 200만 원에 대해 경비처리가 가능하므로 사실상 성실신고 확인비용으로 지급한 금액만큼 세액이 절감됩니다. 다만 지급한 수수료가 200만 원이 넘어도 개인사업자는 120만 원, 법인은 150만 원 한도로 세액공제가 적용됩니다.

② 의료비, 교육비 세액공제

　원칙적으로 유리 지갑이라고 불리는 근로자에 대해서만 연말 정산할 때 의료비, 교육비 세액공제를 해주고 있지만, 성실신고확인대상자가 성실신고확인서를 제출하는 경우에도 적용해 주고 있습니다. 대학교에 다니는 자녀가 있는 사장님은 등록금이 큰 금액이라 혜택이 큽니다. 예를 들어 대학교에 다니는 두 자녀가 있는 경우 1인당 등록금을 900만 원 한도로 15% 세액 공제를 받을 수 있습니다.

　　　대학생 자녀 2명 × 등록금 900만 원 × 15% = 270만 원 절세

　초중고에 다니는 자녀의 교육비도 1인당 300만 원을 한도로 교육비 공제를 받을 수 있습니다. 다만 해외로 유학을 보낸 기러기 아빠의 경우에는 외국의 중고등학교 교육비는 가능하지만 유치원, 초등학교의 교육비는 해당하지 않습니다.

　의료비의 경우 근로자와 마찬가지로 부양가족에 대해서 사용한 비용의 15%(난임시술비 30%)에 해당하는 금액을 공제해 주고 있습니다. 의료비 중에 보험회사로부터 실손보험금을 수령하는 부분에는 적용되지 않는 것에 주의해야 합니다.

　성실신고확인서를 제출하지 않을 경우 종합소득금액에 5%의 가산세

를 납부해야 합니다. 세금신고에 매출누락이나 가공경비가 없다면 성실신고로 세제혜택을 보는 것도 나쁘지는 않습니다. 그리고 일정 규모 이상으로 매출이 늘어날 때 개인사업자보다 법인사업자가 유리할 수 있어서 법인전환을 고려해 보는 것도 절세의 한 방법입니다.

성실신고확인대상 피하는 법

사업 형태에 따라 매출내용을 구분할 수 있다면 성실신고확인대상자에서 벗어날 수 있습니다. 가령 신고가 번거로워 여러 업종을 하나의 대표업종으로 매출 신고할 때입니다. 건설업을 하면서 자재도매업을 같이 하거나, 정보통신업을 하면서 전산 소모품을 도소매로 판매한다면 업종을 구분해서 신고할 수 있습니다. 예를 들어 제조업은 연 매출 7억 5천만 원이 넘어가면 성실신고확인대상자가 됩니다. 제조업을 하면서 일부분 소모품을 도매로 판매하는 사업자라면 수입금액 기준을 달리 계산합니다. 제조업매출이 7억 원이고 소모품 판매가 8천만 원이면 총매출은 7억 8천만 원이지만 업종별로 환산하면 7억 4천만 원입니다.

※ 계산식 : 7억 원 + (8천만 원 x 7.5억 원/ 15억 원)= 7억 4천만 원

따라서 성실신고확인대상자가 안 됩니다.

부가세 신고할 때 수입 금액란에 실제 해당 업종을 나눠서 신고한다면 성실신고 확인서를 제출하지 않을 수 있습니다.

05

중소기업으로 창업했다면 세금혜택이 있다

Q 이번에 제과 제빵점을 오픈했습니다. 제가 운영하는 빵집도 중소기업 관련 세제혜택을 받을 수 있는지요?

A 중소기업에 해당하는 소규모 업체들은 다양한 세제혜택을 받을 수 있습니다.

30살이 된 이상미 씨는 자기만의 세계를 만들기 위해 다니던 회사를 그만두고 창업을 하기로 하였습니다. 회사에 다니면서 좋아하는 디저트와 틈틈이 배워온 제빵 기술을 활용해서 커피와 빵을 함께 파는 가게를 열기로 했습니다.

요즘 트렌드에 맞게 낙후된 지역의 작은 창고를 얻은 이상미 씨는 디저트케익과 파운드케익을 직접 만들고 야외테이블에서 간단히 커피를 마실 수 있는 공간을 꾸몄습니다. SNS에서 점점 입소문이 나면서 매출이 늘다 보니 은근 좋으면서도 세금 걱정이 되었습니다. 그러던 중 창업자에게 세제혜택이 있다는 소리를 들었습니다.

젊은 청년들이 회사에 얽매이기보다는 자기가 좋아하는 분야를 찾아서 작지만 소중한 가게를 여는 경우가 많아지고 있습니다. 자기만의 기술과 노하우로 사업을 잘 운영하고 있습니다.

그러나 사업을 한다는 것은 항상 세금과 각종 사회보험료가 따라다닙니다. 사회보험에는 국민연금, 건강보험, 고용보험, 산재보험 등입니다. 특히 많이 벌수록 개인소득세가 늘어나서 세금신고를 할 때면 난감한 표정을 짓는 분들이 종종 생기게 됩니다. 적은 돈으로 어렵게 꾸려가는 청년 사업가를 위해 국가에서는 다양한 세제혜택을 두었습니다.

창업중소기업 감면

중소기업이면서 감면 해당 업종으로 창업을 한 경우 25%~100% 소득세 또는 법인세를 5년간 감면해 주고 있습니다. 일반적인 중소기업 창업일 경우 수도권 과밀억제권역 밖에서 창업하면 5년간 25%, 50% 의 소득세 또는 법인세를 감면받을 수 있습니다. 창업 당시 15세 이상이고 34세 이하인 청년사업자는 수도권 과밀억제권역 내에서 창업하더라도 감면 적용을 해주고 있습니다. 따라서 청년일 경우에는 전국 어디에서 창업하더라도 감면 적용을 받을 수 있습니다.

> 해당 업종 예시 : 제조업(국내 OEM 포함), 건설업, 통신판매업, 음식점업, 정보통신업, 사회복지 서비스업, 여가 관련 사업 등

남자의 경우 군대를 갔다 온 기간을 제외하고 계산하기 때문에 만 34세 이상도 해당할 수 있습니다. 가령 만 36세이고 군대 만기 제대자(2년)인 홍길동 씨가 경기도 고양시 일산에서 인터넷 쇼핑몰 창업을 한다고 하면 감면 적용이 될까요? 경기도 고양시는 수도권 과밀억제권입니다. 과밀억제권에서 창업은 제외 대상이지만 청년이 창업하면 감면 적용을 해주고 있습니다. 나이가 만 36세이지만 군복무 기간을 포함하면 청년이고 업종은 통신판매업에 해당해서 창업중소기업 감면을

받을 수 있습니다. 2018년 5월 29일 이후 온라인으로 통신판매업을 창업한 사업자는 창업 후 5년간 소득세 감면을 할 수 있습니다. 앞의 이상미 씨도 만 30세인 청년이고 제과점을 운영하기 때문에 감면 적용을 받을 수 있습니다.

구분	요건		감면
청년창업 중소기업	수도권 과밀억제권역 외	수도권	5년간 75%
		수도권 밖	5년간 100%
과밀억제권 내 청년창업	수도권 과밀억제권역 내		5년간 50%
창업중소기업	수도권 과밀억제권역 외	수도권	5년간 25%
		수도권 밖	5년간 50%
벤처창업 기업	모든지역 (창업 후 3년 내 벤처확인)		5년간 50%

※ 감면한도 연간 5억 원, 수도권 밖(수도권 인구감소지역 포함),
　수도권 감면율 25%, 75% 조정은 26.1.1 이후 창업부터 적용

중소기업 특별세액감면

청년이 아니더라도 나이와 상관없이 중소기업이면 세금의 일정액을 깎아주는 중소기업 특별세액감면 제도가 있습니다. 우선 해당 사업장이 중소기업에 해당해야 합니다. 그리고 법에서 정한 업종을 영위해야 합니다. 앞의 36세의 홍길동 씨는 소매업인 온라인쇼핑몰을 운영하고 있어 감면 적용을 받을 수 있지만, 이상미 씨는 일반소비자 상대로 파는 동네 제과제빵업으로 감면을 받지 못합니다. 제과점의 경우 소비자를

주로 상대하는 제과 제빵점은 음식업으로 분류되어 감면이 안 되지만, 빵만 만들어 팔 때는 제조업으로 보아 감면을 받을 수 있습니다. 이상미 씨는 빵을 만들기는 하지만 일반소비자를 대상으로 빵과 커피를 판매하기 때문에 용역의 제공으로 보는 음식점업으로 분류가 되어 감면을 받을 수 없습니다. 중소기업감면은 기업규모와 수도권인지, 수도권 밖인지에 따라 감면율이 달라집니다.

[해당 업종 예시]
제조업, 건설업, 도소매업, 출판업, 영화제작업, 방송프로그램 제작업, 컴퓨터프로그래밍, 콜센터, 자동차임대업, 사회복지서비스업, 의원·치과·한의원은 요양급여비율이 80% 이상이고 소득금액 1억 원 이하

[참조] 떡, 빵 및 과자류 제조업 코드 154102 (감면가능)
　　　음식 / 제과제빵업 코드 552301 (감면불가능)

구분		감면율 (산출세액 × 감면율)	
		도·소매업, 의료업	그 외 업종
소기업	수도권	10%	20%
	수도권 외		30%
중기업	수도권	감면배제	감면배제
	수도권 외	5%	15%

※ 감면 한도 1억 원, 고용인원 감소 시 1인당 500만 원씩 공제 한도 축소

감면 적용이 중복될 때 유리한 쪽 선택해야

창업 감면의 경우 새로운 사업을 시작해야만 적용받을 수 있습니다. 이전에 똑같은 사업을 하고 있다가 다시 창업하는 경우에는 해당하지 않습니다. 그리고 중소기업 특별세액감면과 창업중소기업감면은 중복해서 받을 수 없으므로 둘 중 한 개를 선택하여야 합니다. 위의 홍길동 씨는 창업중소기업감면 대상도 되고 중소기업감면도 적용받을 수 있지만 둘 다 적용받을 수는 없어 유리한 쪽의 감면을 적용해야 합니다. 일반적으로 창업중소기업감면이 더 유리하지만, 각종 세액공제가 중복되지 않는 경우가 있으므로 확인해 보고 선택하여야 합니다.

수도권과밀억제 권역 범위

1. 서울특별시
2. 인천광역시 [강화군, 옹진군, 서구 대곡동·불로동·마전동·금곡동·오류동·왕길동·당하동·원당동, 인천경제자유구역(경제자유구역에서 해제된 지역을 포함한다) 및 남동 국가산업단지는 제외]
3. 의정부시, 구리시, 하남시, 고양시, 수원시, 성남시, 안양시, 부천시, 광명시, 과천시, 의왕시, 군포시
4. 시흥시 (반월특수지역을 제외)
5. 남양주시 일부만 해당(호평동, 평내동, 금곡동, 일패동, 이패동, 삼패동, 가운동, 수석동, 지금동 및 도농동)

06

연구소를 만들어서
세금도 줄이고 연구개발도 하자

Q 환경친화적인 정수시스템을 만드는 연구개발 회사입니다. 연구에 들어가는 인건비와 경비에 대해 세금혜택을 받을 수 있는지요?

A 개인사업자나 법인사업자가 연구개발에 비용을 지출하였다면 지출한 금액의 일정액을 소득세 또는 법인세에서 공제받을 수 있습니다.

박맑음 사장님은 정수기 사업을 하고 있습니다. 정수 필터를 사용해서 대형 식당에 깨끗한 물을 쓰도록 질 좋은 제품을 만들고 있지만 끊임없는 연구개발이 없으면 시장에서 언제 퇴출당할지 모르는 불안감을 갖고 있습니다. 소규모로 시작했던 사업은 어느 정도 성장했지만, 연구개발을 위해 연구원도 뽑아서 신제품 개발을 하고 있습니다. 회사 수익금의 일정액을 개발비에 투자하고 있지만 쉽지 않습니다.

연구개발비를 장려하고 경제적인 부담을 덜어주고자 국가에서는 연구개발비에 대해서 세액공제를 해주고 있습니다. 연구개발할 여력이 되려면 회사에 이익이 있어야 하는데 세금을 내다보면 개발비에 투자할 재원이 부족해질 수 있습니다.

그래서 연구개발비에 투자했다면 지출액의 25%정도를 세액공제로 세금을 줄여주고 있습니다. 이 돈을 개발에 쓰도록 유도하는 것이지요. 세액공제를 많이 해주다 보니 실제로 연구개발을 하지도 않으면서 연구했다고 세액공제를 신청하는 경우가 많습니다. 이러다 보니 종종 세무서에서 사후에 조사하고 추징하는 사례가 빈번해 지고 있습니다.

구 분	공제 세액
신성장동력 및 원천기술 연구개발비	당기 발생액 30% + 해당 과세연도의 매출액에서 연구개발비가 차지하는 비율 × 3배 (10% 한도)

일반연구개발비 (둘 중 선택)	① 당기발생액 ×25%
	② (당기발생액 - 직전 과세연도발생액) × 50%

우선 세액공제를 받을 수 있는 조건을 알아보겠습니다. 자체 연구개발을 하는 회사는 사내에 기업부설연구소나 연구개발전담부서를 설치해야 합니다. 콘텐츠를 개발하는 회사는 기업부설창작연구소나 기업창작전담부서를 두어야 합니다. 회사 내에서 연구개발을 하지 않고 연구소, 대학 등에 과학기술 분야의 연구개발 용역을 위탁하는 경우에도 세액공제를 받을 수 있습니다.

설치하려면

회사 내에 기업부설연구소나 전담 부서를 설치하려면 국가에서 정한 기관인 한국산업기술진흥협회에 신청해야 합니다. 신청할 때에 연구소나 전담 부서에 근무하는 연구원 외에 다른 부서가 반드시 있어야 하고, 해당 부서에 적어도 1인 이상의 상시종업원(대표이사 제외)이 근무하고 있어야 합니다. 예를 들어 연구원만 있고, 타업무인 제조, 관리, 경리 등의 업무를 모두 대표이사가 혼자 수행하는 경우에는 인정받을 수 없습니다. 왜냐하면 연구원 외에 다른 업무를 맡는 사람이 없다는 건 연구원이 연구가 아닌 다른 업무도 한다고 보기 때문입니다. 또한 연구전담요원 및 상시종업원은 4대 보험 가입자여야 합니다. 연구 분야별로 보면 과학기술분야에는 자연계 전공자 또는 관련 분야 산업기사, 기사 등의 자격증 소유자가 있어야 합니다. 서비스 분야에서는 비자연계 전공자도 가능하나, 반드시 기업의 주업종(매출이 가장 많이 발생한 업종)과 연구개발 분야가 일치하여야 합니다. 연구소가 설립되면 정기적으로 관련 연구 내용을 제출하여야 유지가 됩니다.

세제혜택은

까다롭기는 하지만 연구소나 전담 부서를 설치하고 연구개발을 하면 세제혜택을 주고 있습니다. 중소기업의 경우에는 세액공제가 되는 지출비용의 25%를 공제받을 수 있고, 농어촌특별세도 적용되지 않고 그 해에 최소한 내야 하는 최저한세도 적용되지 않아 세금부담을 크게 줄일 수 있습니다. 세액공제 대상에서 가장 크게 차지하는 비중은 연구전담인력에 대한 인건비입니다. 인건비 중에 퇴직금, 퇴직연금, 여비교통비, 복리후생비, 외부에서 위탁받은 연구용역을 수행하는 연구원의 인건비는 제외합니다. 그러나 국민연금, 건강보험료, 장기요양보험 사용자부담금 등은 인건비에 포함합니다.

연구개발보고서를 구비해야

연구인력개발비를 허위로 작성해서 세액공제를 받는 경우가 발생하다 보니 해당 과세 연도에 수행한 연구개발계획서, 연구개발보고서 및 연구노트를 작성해서 5년간 보관하여야 합니다. 신성장동력 및 원천기술연구개발비가 아닌 일반연구개발비의 경우에는 연구개발계획서 및 연구개발보고서만 작성하면 됩니다.

　국세청은 실제로 연구개발을 하였는지 안 하였는지를 사후에 현장 확인을 한 결과 직원 및 설비가 없는 것으로 조사가 되고 연구원이 타업무를 수행하고 있는 것이 밝혀지면 세액공제금액을 다시 추징하고 있습니다. 그래서 회사가 연구개발비 세액공제를 받을 수 있는 대상인지를 사전에 세무서에 심사를 받아볼 수 있는 제도가 생겼습니다. 세액공제를 적용받으려고 할 경우 소득세를 신고하기 전에 지출한 비용이 이에 해당하는지 미리 심사해 달라고 요청하는 제도입니다. 사전심사가 끝나면 결과 통지서를 보내줍니다. 결과에 따라 소득세신고를 할 때 세액공제를 신청하실 수 있습니다.

> ＊ 최저한세란
> 감면이나 세액공제 등으로 납부세액이 없거나 일정 금액에 미달하여도 꼭 부담해야 할 최소한의 세금을 정해놓은 기준. 산출세액에 35%를 곱하여 계산한 금액에 미달하면 35%에 해당하는 세액을 최소한으로 납부하도록 하는 것을 말한다. (산출세액 3천만 원 초과분은 45%)

07

고용을 증대시킨 기업에 대한 세액공제

Q 요즘은 직원을 추가로 고용하면 나라에서 혜택을 준다고 하는 데 어떤 게 있는지요?

A 회사들이 갈수록 사람을 덜 뽑다 보니 새로 일자리를 찾기가 어려워지고 있습니다. 그래서 국가에서는 직원을 고용한 회사에 세제혜택을 주고 있습니다.

<정오표 p237~238> 현행유지

구 분	중소기업		중견기업		대기업
	수도권	지방	수도권	지방	
청년외 상시근로자	850만원	950만원	450만 원	450만원	-
청년 등 상시근로자	1,450만원	1,550만원	800만 원	800만원	400만 원
공제기간 (공제연도 인원 유지할 때)	해당연도 포함하여 3년간				2년간

예를 들어 지방에 있는 중소기업인 장난감 회사가 청년을 추가 고용 할 경우 1,550만 원의 소득세를 공제받을 수 있습니다. 청년고용이 다음 해에도 줄어들지 않고 유지가 된다면 1,550만 원을 공제받아 총 3년간 4,650만 원의 소득세를 줄일 수 있습니다. 수도권에 있는 중소기업이고 청년이 아닌 직원을 추가로 채용했을 때는 850만 원의 소득세 공제를 3년간 받아 최대 2,550만 원의 세금을 절약할 수 있습니다. 직원을 2명 추가로 고용했다면 두 배가 되겠지요. 근로자를 많이 고용할수록 세금이 줄어들게 됩니다. 그 해에 이익이 많지 않아서 소득세를 공제하고 남는 금액은 다음 연도로 이월해서 사용할 수 있습니다. 직원을 추가로 채용하는 것만으로도 몇 년간은 세금 걱정을 안 해도 됩니다. 다만 세금을 전부 안내는 건 아니고 법에서 정한 최소한의 소득세를 내도록 하는 최저한의 세금과 농어촌특별세는 납부를 하게 됩니다.

통합고용세액공제의 혜택을 받으려면 추가 고용한 이후에 3년간[2] 근로자가 줄어들면 기존에 받았던 세액공제를 다시 납부해야 합니다. 그래서 상시근로자 수를 잘 계산해서 운영해야 합니다. 여기서 상시근로자란 근로기준법에 따라 근로계약을 체결한 내국인근로자를 말하고 있습니다.

[2] 최초로 공제 받은 과세연도의 종료일로부터 2년이 되는 날이 속한 과세종료일까지

"취업자 98만 명 급감, 실업자 157만 명 최악의 실업난" 통계청이 발표한 고용 동향을 보면 취업자 수가 줄어들고 있는 것을 알 수 있습니다. 국가는 실업자가 줄고 취업자가 많이 늘어야 경제가 활발히 돌아가게 됩니다. 기업이 직원을 고용할 유인을 충분히 주어야 하는데 이때 국가에서 많이 쓰는 방법이 세제혜택을 주는 것입니다. 고용을 늘린 회사에 대해서 일정액의 세액공제를 주어 추가로 직원을 뽑도록 유인하고 있습니다. 통합고용세액공제[1]는 소비성 서비스업인 호텔업, 여관업, 일반유흥주점업 등을 제외한 내국인이 운영하는 사업장에 대해서 상시근로자가 증가하게 되면 소득세의 일정금액을 공제해 주고 있습니다. 공제율은 중소기업인지 아닌지 여부와 청년, 장애인, 국가유공자, 60세 이상 노인분들인지 아닌지에 따라 달라집니다.

⟨2025년 적용⟩

구 분	중소기업		중견기업		대기업
	수도권	지방	수도권	지방	
청년외 상시근로자	1,300만원	1,500만원	700만원		400만 원
청년 등 상시근로자	1,450만원	1,550만원	1,200만원		-
인건비 증가율 3%~20%	증가분의 20%		증가분의 10%		-
인건비 증가율 20% 이상	20%초과 증가분의 40%		20%초과 증가분의 20%		-

예를 들어 지방에 있는 중소기업인 장난감 회사가 청년을 추가 고용

[1] 23~24년 과세연도 분은 기존 '고용증대 및 사회보험료 세액공제' 와 '통합고용세액공제' 중 선택 적용 가능(중복 적용 불가)

할 경우 2,400만 원의 소득세를 공제받을 수 있습니다. 청년고용이 다음 해에도 줄어들지 않고 유지가 된다면 2,400만 원을 공제받아 총 2년간 4,800만 원의 소득세를 줄일 수 있습니다.

수도권에 있는 중소기업이고 청년이 아닌 직원을 추가로 채용했을 때는 1,300만 원의 소득세 공제를 2년간 받아 최대 2,600만 원의 세금을 절약할 수 있습니다. 직원을 2명 추가로 고용했다면 두 배가 되겠지요. 근로자를 많이 고용할수록 세금이 줄어들게 됩니다. 그 해에 이익이 많지 않아서 소득세를 공제하고 남는 금액은 다음 연도로 이월해서 사용할 수 있습니다. 직원을 추가로 채용하는 것만으로도 몇 년간은 세금 걱정을 안 해도 됩니다. 다만 세금을 전부 안내는 건 아니고 법에서 정한 최소한의 소득세를 내도록 하는 최저한의 세금과 농어촌특별세는 납부를 합니다.

통합고용세액공제의 혜택을 받으려면 고용한 이후에 근로자가 줄어들면 1년 간 추가로 받을 수 있는 세액공제를 못 받습니다.[2] 그래서 상시근로자 수를 잘 계산해서 운영해야 합니다. 여기서 상시근로자란 근로기준법에 따라 근로계약을 체결한 내국인근로자를 말하고 있습니다. 25년부터는 고용지원대상을 확대하면서 1년미만 기간제근로자, 주 15시간 초단시간 근로자도 해당합니다.

다만 상시근로자에 해당하는 내국인이라도 다음에 해당하는 근로자

---

[2] 사후관리는 폐지했지만 청년 등 고용인원 감소하면 감소 인원당 공제액 차감

는 제외하고 있습니다.

- ▲ 해당 기업의 최대주주 또는 최대 출자자와 그 배우자
- ▲ 직계존비속 및 친족 관계에 있는 사람
- ▲ 국민연금, 건강보험료 신고를 하지 않은 사람 등

청년 정규직근로자는 15세 이상 34세 이하인 사람을 말합니다. 남자는 군대를 다녀오기 때문에 군대 복무기간을 포함해서 최대 6년간의 기간을 늘려줍니다. 군대를 2년 다녀왔다면 36세까지를 청년으로 보고 세액공제적용을 해줍니다. 부사관이나 장교로 다녀왔다면 최대 6년을 포함해서 41세까지 청년으로 보게 됩니다. 추가 고용으로 세금을 줄일 수 있지만, 경영상의 어려움으로 직원을 내보내게 되면 기존에 받았던 세액공제금액을 다시 낼 수도 있으니 주의해야 합니다

> 그냥하자.
> 깊이 생각하지 말고
> 어떤 일이 있어도
> 멈추지 말자.
> Just Do It
>
> .
> .
> .
> .

나이키 창업자 필 나이트

PART 6
이제는 해외로
강제진출 브라보
그리고 인터넷

01

수출하면 부가가치세를 환급받나요?

Q 요즘 한국 드라마가 인기 있다 보니 어느 드라마에 나온 달고나 세트를 외국에 팔려고 합니다. 해외에 팔 때 부가세를 환급받을 수 있나요?

A 네, 맞습니다. 우리나라는 해외 수출을 장려하기 위해서 수출품에 대해서 부가가치세를 면제하고 있습니다.

1950년 한국전쟁이 끝나고 근대화사업을 시작하던 우리나라는 두 가지 고민에 빠졌습니다. 산업을 발전시키기 위해 해외 물건을 대체할 제품을 생산할 건지, 해외로 팔 물건을 생산할지를 고민하게 됩니다.

남미의 국가들은 수입물품을 대체하기 위해 라디오나 TV를 국산화하는데 전념한 반면에 우리나라는 인구수도 적고 기술도 여의치 않아서 해외에 팔 수 있는 것 위주로 수출정책을 삼기 시작했습니다. 가발, 의류, 잡화 등 뭐든지 팔 수 있는 물건은 해외로 내보냈습니다. 국가에서도 수출을 장려하는 것이 최대 과제였습니다.

세제 측면에서도 수출품에 대해서는 부가가치세를 부담하지 않도록 영세율 제도를 두었습니다.

영세율 제도란 수출하는 재화에 대해서는 '0'의 세율을 적용하여 부가가치세가 '0'이 되도록 해서 매출세액은 없고, 매입할 때 부담한 매입세액은 전액 공제해 주는 제도를 말합니다. 현행 부가가치세는 매출이 발생하면 공급가액에 10%의 부가가치세를 납부하도록 하고 있습니다. 수출하는 사업자는 매출세액이 '0'이기 때문에 매입과 관련한 매입세액은 대부분 공제를 받아 환급금이 발생합니다.

예를 들어 외국에 신발을 판매한다고 할 때 국내에서 신발을 생산하기 위해 원자재를 구입합니다.

수출이 1억 원이고 매입원자재가 5천만 원이었다면

◎ 매출세액 : 1억 원 × 0% = 0
◎ 매입세액 : 5천만 원 × 10% = 5백만 원
◎ 환급세액 : 5백만 원

다른 매출이 없다면 부가가치세 5백만 원을 환급받을 수 있습니다. 판매에 따른 중간이윤과 함께 부가가치세를 환급받기 때문에 국내에 파는 것보다 해외에 판매하는 게 더 이익입니다.

또한 수출에 대한 환급은 일반적인 환급보다 더 빨리 받을 수 있습니다. 이것을 조기환급이라고 합니다.

예를 들어 달고나 세트를 매달 판매하여 매출 신고를 한다면 신고 다음 달에 환급받을 수 있습니다. 1월 판매분은 2월 25일까지 신고하면 15일 이내에 조기환급을 받게 됩니다. 영세율로 신고할 때에는 첨부 서류를 함께 제출하여야 합니다. 영세율 첨부서류를 제출하지 않으면 영세율공급가액(미달신고의 경우 미달한 과세표준)의 0.5%의 가산세가 부과됩니다.

구분	첨부서류
직수출	수출실적명세서, 소포수령증, 간이수출신고필증 등
대행위탁수출	수출대행계약서 사본과 수출실적명세서
내국신용장 또는 구매확인서를 통한 거래	내국신용장, 구매확인서
국외제공용역	외화입금증명서 또는 국외에서 제공하는 용역에 관한 계약서
국내에서 비거주자 또는 외국 법인에 공급하는 재화·용역	외화입금증명서

02

면세품목을 수출하는 경우 부가세를 환급받는 방법은?

Q 포도를 수출하려고 하는데 농산물은 면세품목이라 부가세환급을 못 받는다고 하네요.

A 면세품목은 부가가치세가 면제되어 있어서 매입세액을 환급받지 못하지만 면세포기신고를 하면 가능합니다.

농산물을 유통하는 달다청과 사장님은 5월부터 인기 많은 샤인머스켓 포도를 동남아에 수출하고 있습니다. 그동안 수출을 하면서 화물 운송료, 포장비, 창고 사용료 등으로 1억 원 넘게 지출하였습니다. 면세사업자이기에 각종 비용으로 나간 매입세액 1천만 원을 공제받거나 환급을 받지 못했습니다. 달다청과 사장님은 수출을 많이 해서 외화도 벌어오는데 단지 면세사업자라는 이유로 과세사업자에 비해 손해를 보는 느낌이 들었습니다. 수출하는 일반사업자는 영세율로 인해 부가가치세를 내지 않으면서도 매입세액에 대해 환급을 받고 있으니까요.

  달다청과 사장님처럼 농산물이나 출판물 등을 판매하는 면세사업자는 부가가치세를 납부하지 않고 있습니다. 이것은 국내 소비자들에게 세금부담을 덜어주어 안정적인 생활을 할 수 있도록 마련한 면세제도 때문입니다. 그런데 면세품을 수출하는 것은 국내소비자가 아닌 해외소비자에게 판매하는 거라 꼭 면세제도를 적용해 줄 필요는 없습니다.
 또한 면세사업자는 원가에 매입세액을 포함하여 가격을 책정하기 때문에 다른 과세사업자보다 수출시 불리해집니다. 이러한 불이익을 없애기 위해서 부가가치세법에서는 특정한 재화와 용역을 수출하는 경우에는 면세를 포기하고 과세사업자를 적용받도록 보완해 주고 있습니다.

면세포기

면세사업자가 해외에 수출하거나 서비스를 제공할 때 사업장 소재지가 있는 세무서에 '면세포기신고서'를 제출하고 과세사업자로 사업자등록증을 정정하면 이후 거래분부터 매입세액공제를 받을 수 있습니다. 수출하는 부분에 대해서 영세율을 적용해 달라는 거라 운송비, 창고비, 관련 비용 등에 대해서 매입세액을 전액 환급받을 수 있습니다. 그리고 국내에 판매하는 면세품에 대해서도 계속해서 면세적용을 받을 수 있습니다. 포도를 수출하고 국내에도 판매할 때 면세포기를 하더라도 국내 판매분에 대해서는 계속해서 면세를 적용받습니다. 그러나 수출분과 국내 판매분을 같이 하기 때문에 국내에 판매하는 면세품과 관련된 매입세액은 공제받을 수 없습니다. 사업자는 과세사업과 면세사업을 구분해서 장부작성해야만 과세사업에 관련된 매입세액에 대해서 좀 더 명확히 구분할 수 있습니다.

면세포기는 수출 전에 꼭 신청해야

혹시 면세포기 신청을 하지 않은 상태에서 수출을 먼저 한다면 영세율 적용이 안 됩니다. 수출 전에 꼭 신청서를 제출해야 합니다. 면세사업자는 면세포기를 신청할 때 사업자등록번호가 과세사업자로 변경됩니다. 왜냐하면 면세사업자는 부가가치세법에 따라 사업자등록을 하는 게 아니라 소득세법, 법인세법에 따라서 등록하기 때문에 부가가치세를 납부하거나 환급받기 위해서는 새로 번호를 부여받아야 합니다. 면세포기신청서를 제출할 때 과세용 사업자등록신청을 해야 합니다. 신규로 개업하는 경우라면 처음부터 면세포기신고서를 사업자등록신청서와 함께 제출하면 됩니다.

면세포기신청을 하고 난 후 수출을 별로 하지 않게 되는 경우도 있습니다. 이때 과세사업자를 그만두고 싶다고 다시 아무 때나 면세적용을 해주지 않습니다. 면세포기신청을 신고한 날로부터 3년이 경과한 후에 면세적용신고서를 제출해야 가능합니다. 그동안은 수출실적이 없더라도 과세사업자와 마찬가지로 면세사업장현황신고서가 아닌 부가가치세신고서를 작성해야 합니다.

일시적인 수출이 있을 때는 면세 포기를 하는 것이 유리한지 따져봐야 합니다. 부가세환급이나 공제가 크고 부가세신고서를 작성하는 데 부담을 느끼지 않는다면 면세 포기를 3년간 하는 게 좋습니다. 그렇지 않다면 유불리를 따져보고 판단해야 합니다.

03

해외에 콘텐츠 저작권료를 지급할 때 주의할 사항은?

Q 이번에 일본에서 만화 콘텐츠를 수입하려고 합니다. 일본 에이전시업체와 계약을 하는데 국내에서 세금신고를 해야 한다고 하네요.

A 해외에 있는 출판물이나 영상물 저작권을 구입하는 경우에는 상황에 따라 부가가치세 대리납부의무와 원천세신고 의무가 생길 수 있습니다.

일본에서 에이전시를 통해 일본 작가의 만화를 국내에 서비스하는 만화나라 강대표는 급하게 세무사 사무실을 찾아와서 숨이 넘어갈 듯 얘기를 꺼냈습니다.

강대표 : 세무사님. 큰일 났습니다. 옆 사무실의 출판사가 세무조사를 받았는데 엄청나게 추징을 당한다고 하네요. 저희도 동일한 사업을 하는데 걱정입니다.

세무사 : 진정하시고 구체적으로 말씀해 주세요.

강대표 : 옆 사무실 출판사가 중국에서 웹툰용 만화를 구입해서 국내 인터넷 사이트인 N웹툰에 서비스하고 있었는데 갑자기 세무서에서 부가가치세를 안 냈다고 하더니 세금 10억을 고지했습니다. 본인은 중국 회사와 거래할 때 원천세신고를 꼬박꼬박 했는데 날벼락이 떨어졌다고 하네요.

세무사 : 인터넷으로 벌어들인 매출을 누락해서 나왔다는 건가요?

강대표 : 그건 아닌 것 같아요. 중국 작품을 가져와서 우리나라에 맞게끔 수정해서 서비스했는데 중국과 거래할 때 부가가치세를 내야 했다고 하더라고요.

세무사 : 그렇군요. 세무서에서 왜 세금을 고지했는지 알 것 같습니다.

세무사는 걱정에 가득 찬 강대표를 안심시키기 위해 그림을 그려가면서 설명하기 시작했습니다.

세무사 : 보통 해외 작가가 만든 작품은 저작권료를 내고 몇 년간 사용하는 권리를 얻게 됩니다. 이런 저작권거래는 면세여서 부가가치세가 부과되지 않습니다. 이럴 경우 해외에 지급하는 저작료에 대한 원천세신고만 해주면 됩니다.

강대표 : 맞아요. 나도 그렇게 알고 있어서 일본 작품을 들여올 때 부가세는 생각도 않고 있었죠. 옆 사무실 대표도 그랬고요.

세무사 : 그런데 문제는 뭐냐면 저작권자가 권리를 갖고 저작권을 대여해 주는 경우일 때만 부가가치세가 면제되고 있습니다. 국내 작가도 마찬가지고요.

강대표 : 그런가요? 그럼 에이전시를 통하는 경우는 어떻게 되나요? 저희도 작품을 가진 에이전시 회사를 통해서 만화를 가져오거든요.

세무사 : 에이전시의 성격에 따라 달라집니다. 제작사나 에이전시가 작품의 작가로부터 저작권을 사서 모든 권한을 가졌는지, 단순히 대리만 해서 계약을 도와주는지에 따라 달라집니다. 해외 작가랑 직접 거래하거나 단순히 대리인을 통해서 저작권료를 지급한다면 부가가치세 문제는 생기지 않습니다.
반면 저작권의 모든 권한을 가진 제작사나 에이전시와 거래를 한다면 국내 거래처럼 부가가치세를 납부해야 합니다. 그런데 이 거래회사들이 해외에 있어 신고하거나 납부

할 수 없기에 국내 업체가 대신 신고·납부 해주도록 하고 있습니다. 이것이 대리납부입니다.

강대표 : 그렇군요. 저희는 일본 에이전시를 통하고 있는데 저작권은 작가에 있다고 계약서에 명시되어 있었습니다.

세무사 : 그렇다면 단순 위임을 받은 에이전시를 통해서 작품의 사용권을 얻으신 거라 부가가치세를 대신 납부해야 할 의무는 없습니다. 항상 거래할 때 상대회사의 계약 내용을 잘 확인하시면 됩니다.

사용료소득에 대한 원천징수는 잘하는데

해외에서 도서나 만화 출판물을 가져올 때는 보통 저작권을 대여하는 형태입니다. 이런 저작권은 사용료(로열티)라고 해서 외국 작가에게 대금을 지급할 때 사용료소득에 대해 원천징수를 하고 송금을 합니다. 나라별 사용료 세금은 조세조약에 따라 달라집니다. 예를 들어 일본은 10%, 중국 10%, 싱가포르 15%, 헝가리 면제, 브라질 25%·10% 등 나라별로 최대 납부해야 할 세금을 제한해 두고 있습니다. 보통 총 금액에서 사용료소득을 원천징수하고 다음 달 10일까지 세무서에 신고·납부해야 합니다.

출판회사들은 해외 작품에 대해 저작권(인세)을 지급하면서 사용료

소득에 대한 원천징수를 잘하고 있는데 제작사나 에이전시와 거래할 때 부가가치세 대리납부에 대해서는 놓치는 경우가 있습니다.

부가가치세 대리납부제도란

부가가치세 대리납부제도란 국내에 사업장이 없는 외국 회사로부터 용역을 공급받는 자가 그 대가를 지급할 때 외국 회사가 납부해야 할 부가가치세를 대신해서 신고납부하는 제도입니다. 외국 회사가 국내회사에 공급하는 용역(서비스)에 대해 국내 회사와 동일하게 부가가치세 납부 의무를 부여해야 하는데 국내 사업장이 없기 때문에 신고납부를 못 하게 됩니다. 이러면 국내 회사는 서비스를 제공하고 부가가치세를 내는 데 반해 외국 회사는 세금 부담을 안 하게 되므로 국내 회사는 외국 회사보다 불리해집니다. 그래서 외국 회사가 납부해야 할 부가가치세를 거래하는 국내 회사가 대금 지급 전에 책임지고 미리 떼어서 국세청에 신고하고 납부하라는 취지입니다.

 부가세법상 작가가 직접 저작권료를 사용하게 하고 대가를 받을 때는 부가가치세가 면제되듯이 해외 작가와 직접계약을 하거나 단순히 위임받은 에이전시를 통해서 작품을 들여올 때는 괜찮지만 해외 제작사나 포괄 위임받은 에이전시일 경우에는 국내에서 부가가치세를 대신해서 납부해야 합니다.

국내출판사 ▶ 해외작가, 단순대리인	국내출판사 ▶ 해외 저작권 보유한 제작사, 포괄위임대리인
사용료소득 원천징수, 부가세 대리납부 X	사용료소득 원천징수, 부가세 대리납부 O

부가) 서면-2018-법령해석부가-3688, 2018.12.18

제 목 : 해외 저작권자에게 저작권 사용대가를 지급하는 경우 대리납부 여부

출판업을 영위하는 국내 사업자가 국내 사업장이 없는 비거주자인 저작권자(이하 "해외 저작권자") 및 해외 저작권자의 단순한 대리인에 불과한 고용 대리인, 외국법인, 해외 출판사(이하 "외국 대리인")와 출판계약을 체결하고 해외 저작권자 및 외국 대리인에 저작권 사용료를 지급하는 경우 질의법인은 해외 저작권자로부터 부가가치세가 면제되는 용역을 공급받은 경우에 해당하여 대리납부의무가 없는 것입니다.

다만, 해외 저작권자로부터 저작권을 양수하거나 저작권 사용에 관한 권리를 포괄적으로 위임받은 외국 대리인과 출판계약을 체결하고 외국 대리인에게 저작권 사용료를 지급하는 경우 해당 저작권 사용료는 대리납부의무가 있는 것입니다.

사례

Q : 출판사 나웹툰은 해외 저작권자에게 인세를 지급하면서 추가로 부가가치세 10%를 대리납부하고 있습니다. 출판계약은 개별 계약마다 차이가 있지만, 일반적으로 특정 만화에 대한 한국어 번역, 인쇄, 출판에 대한 기한부(통상 5년) 독점적 라이선스를 부여하고 있습니다. 해외 저작권자가 해외에서 고용한 대리인(에이전시)과 계약을 체결하는 경우 부가가치세를 내야 하는지요.

A : 해외 저작권자가 고용한 에이전시가 포괄적인 위임을 받지 않고 단순히 행정업무의 편의상 계약을 대리해주는 역할을 할 때는 부가가치세 대리납부 의무가 없으므로 부가가치세 10%를 신고하지 않아도 됩니다. 그러나 해외 에이전시가 저작권을 포괄적으로 위임받거나 작가로부터 매절계약(절품계약)으로 구입한 것을 공급하는 경우라면 부가가치세를 대리 납부해야 합니다.

■ 부가가치세법 시행규칙 [별지 제37호서식]

부가가치세 대리납부신고서

※ 아래의 작성방법을 읽고 작성하시기 바랍니다.

접수번호		접수일			처리기간 즉시	
1. 신고인 인적사항						
① 상호(법인명)	국세상사			② 사업자등록번호	325-45-12345	
③ 성명(대표자)	김진국			④ 사업장 소재지	서울특별시 마포구 마포대로 100	
⑤ 업태	도소매			⑥ 종목	소프트웨어	
2. 대리납부 신고 내용						
용역 등 공급자		⑨ 대가지급 연월일	⑩ 공급 받은 금액	⑪ 부가 가치세	⑫ 가산세	⑬ 납부할 세액
⑦ 성명(법인명)	⑧ 주소					
NDAJA	USA. Westwood, Los Angeles, California	2025.4.20	10,000,000	1,000,000		1,000,000

「부가가치세법 시행령」 제95조제1항에 따라 위와 같이 부가가치세 대리납부를 신고합니다.

2025 년 7 월 25 일

신고인   김 진 국 (서명 또는 인)

마 포 세 무 서 장 귀하

첨부서류	없음	수수료 없음

작 성 방 법

이 신고서는 아래의 작성방법에 따라 한글과 영문, 아라비아 숫자로 정확하게 적고, 거래금액은 원단위까지 표시합니다.
1. 사업자기본사항
  ① ~ ⑥: 대리납부신고서를 제출하는 사업자의 인적사항을 적습니다.
2. 대리납부 신고 내용
  ⑦: 용역 등 공급자의 성명 또는 법인명을 적습니다.
  ⑧: 용역 등 공급자의 정확한 주소를 적습니다.
  ⑨: 용역 등 대가 지급일(외화송금일)을 적습니다.
  ⑩: 용역 등 대가 지급액을 원화로 적습니다. 다만, 원화를 외화로 매입하여 지급하는 경우에는 지급일 현재의 대고객 외국환매도율에 의하여 계산한 금액으로 하고, 보유 중인 외화로 지급하는 경우에는 지급일 현재의 기준환율 또는 재정환율에 의하여 계산한 금액으로 적습니다.
  ⑪: 대리납부하는 부가가치세액을 적습니다.
  ⑫: 「국세기본법」 제47조의5에 따른 가산세가 적용되는 경우 가산세를 적습니다.
  ⑬: 대리납부하는 부가가치세액과 가산세를 더한 금액을 적습니다.

210mm×297mm[백상지 80g/㎡(재활용품)]

04

펀딩플랫폼 ; 킥스타터, 인디고고, 와디즈, 텀블벅의 세금 신고는?

Q 해외크라우드펀딩 사이트에 제품을 올려서 후원금을 받았습니다. 상품개발이 완료되어 순차적으로 배송하는데 세금신고를 어떻게 해야 하는지요?

A 킥스타터 등에서 펀딩을 받고 제품을 개발해서 배송하는 경우에도 매출로 보고 과세기간에 맞춰 신고하여야 합니다.

보드게임을 만드는 배드코멧은 세렝게티의 평원에서 영감을 받아 '와일드 세렝게티'라는 보드게임을 킥스타터에 올렸습니다. 킥스타터는 전 세계에서 모인 기업과 창작자들이 후원받은 자금을 가지고 구상했던 제품을 만들어 보내주는 기금 모집사이트입니다. 회사는 여러 사람이 즐길 수 있는 보드게임을 새로 구상해서 킥스타터에 올렸는데 전 세계 사람들로부터 많은 관심을 받아 후원금 모집을 성황리에 마쳤습니다. 이렇게 펀딩한 자금을 가지고 6개월간의 제작 기간을 거쳐서 전 세계 후원자들에게 배송까지 성공적으로 완료 했습니다. 그런데 사장님은 펀딩이 성공한 후 입금된 금액이 들어오는 기간과 제작이 완료되어 배송까지 마치는 기간이 달라서 세금신고를 어떻게 할지 고민하였습니다.

해외크라우드펀딩 사이트뿐만 아니라 국내에서도 활발히 펀딩으로 제품을 개발해서 판매하는 창업자들이 늘고 있습니다. 초기 자본이 없더라도 좋은 아이디어만 있으면 훌륭한 성과를 창출할 수 있는 시스템이 갖춰져 있습니다. 펀딩에 성공하면 제작을 할 수 있도록 자금이 들어와서 제품을 만들 수 있습니다. 그런데 돈이 들어와서 제품을 만들 때까지 기간이 길다 보니 세금신고는 언제 해야 하는지 헷갈리게 됩니다. 우선 펀딩을 하는 사이트를 국내와 국외로 나눠서 알아보겠습니다.

해외펀딩사이트일 경우

먼저 해외펀딩사이트입니다. 대표적으로 킥스타터와 인디고고가 있습니다. 펀딩에 성공하면 제작 기간을 거쳐 제품을 배송하게 됩니다. 해외의 후원자들로부터 돈을 받기 때문에 부가가치세는 없습니다. 해외에서 돈을 벌어들이는 것은 국가에서 장려하는 일이라 부가가치세가 '0'%인 영세율을 적용해서 신고하도록 하고 있습니다. 부가가치세는 없어도 신고서를 작성해야 소득세나 법인세를 계산할 수가 있습니다. 그래서 언제 신고해야 하는지를 살펴보면 재화가 해외로 나가는 때인 수출선적일을 공급 시기로 봅니다.

예를 들어 2024년 10월 21일 펀딩을 완료하고 2025년 4월부터 순차적으로 배송한다면 부가가치세신고서에 매출로 작성하는 때는 2025년 상반기입니다. 돈은 전년도에 해외펀딩사이트로부터 외화를 받았지만 매출 신고는 2025년 7월 25일까지 신고를 해야 합니다. 이때 부가가치세 과세표준은 해외 배송을 한 시기에 받기로 한 대가를 환율 적용해서 계산합니다. 펀딩완료 금액이 10,000달러라면 배송한 날짜에 해당하는 환율을 곱해서 매출로 인식합니다.

매출금액 10,000달러 × 1,200원 = 12,000,000원

그런데 배송하기 전에 받은 외화를 원화로 환전했다면 환전한 시점의 환율로 공급가액을 계산해야 합니다. 배송은 8월이었지만 펀딩사이트에서 입금을 받아 우리나라 화폐로 환전을 6월에 했다면 이 때의 금액을 하반기 부가가치세 신고 시 매출액으로 해야 합니다. 해외펀딩이기에 영세율 첨부서류는 우편발송 영수증 및 외화입금증명서, 수출실적명세서 등을 첨부하면 됩니다.

예시) 2024년 10월 펀딩성공 : 10,000달러
2025년 6월 원화로 환전 : 10,000달러 x 1,200원 = 12,000,000원
2025년 8월 배송 : 하반기 매출신고금액 12,000,000원

국내 펀딩사이트일 경우

두 번째는 국내 펀딩사이트입니다. 대표적으로 와디즈나 텀블벅 등에서 후원을 받는 경우입니다. 국내에서 후원을 모금하는 거라 펀딩에 성공한 금액에 대해 부가가치세 10%를 납부해야 합니다. 이 경우 일반적인 물건을 예약판매하는 거로 보고 매출 신고를 하도록 하고 있습니다. 매출로 인식할 금액은 보통 펀딩사이트에서 정산서를 줄 때 '최종결제완료 금액'으로 표기된 금액입니다. 이 금액을 부가가치세신고서 매출과세표준란에 증빙이 없는 기타 매출로 신고합니다. 신고서를 작성할

때는 사이트에서 결제 완료된 금액을 받게 되는 날짜가 공급시기가 되고 이때 속하는 과세기간에 신고합니다.

　예를 들어 일반과세자인 사업자가 펀딩을 완료하고 정산서를 5월 10일에 받은 경우입니다. 사이트로부터 총 결제 완료 금액이 500만 원이라면 매출로 신고할 금액은 공급가액 4,545,455원이고 부가가치세 454,545원입니다. 부가가치세신고는 상반기에 해당해서 1월부터 6월까지 판매한 금액을 7월 25일까지 신고합니다.

05
인터넷미디어, 유튜브 사업자 유형은 면세? 과세?

Q 집에서 주로 먹던 음식을 가지고 요리하는 동영상을 찍어서 유튜브에 올렸습니다. 구독자가 늘어나기 시작하더니 지금은 광고수입이 들어오고 있네요. 세금신고를 해야 하는지요?

A 수입이 발생하게 되면 세금신고를 해야 합니다. 국가에서는 계속적으로 영업활동을 할 때 사업자로 보고 세금신고를 하도록 하고 있습니다.

보람이네는 엄마가 해주는 반찬 요리를 딸이 직접 만들어보는 유튜브 동영상을 올리고 있습니다. 보람이네 유튜브 채널은 구독자가 늘어나게 되자 광고가 붙기 시작했습니다. 광고 수입이 얼마 안 될 거로 생각했는데 기획이 좋았는지 몇십만 명의 구독자가 생기고 광고 수입도 억대로 들어왔습니다. '개인이 운영하는 채널이라 세금신고는 안 해도 되겠지.'라고 생각했는데 신문에서 고소득 유튜버의 탈세 혐의를 조사한다는 기사가 나오고 하니 불안해졌습니다. 보람이네처럼 처음에는 소소하게 시작하다가 점점 구독자가 늘어 광고 수입이 많아지게 되는 경우가 많습니다. 수입이 얼마 안 될 때는 '나한테까지 세무조사를 할까?' 하며 신고를 안 하고 지나치지만, 인기가 쌓이고 수입이 늘게 되면 국세청에서 세무조사를 받는 상황이 생길 수 있습니다. 인터넷미디어를 통한 수입에 대해서는 처음부터 사업자를 내고 시작하는 게 나중에 세무조사를 받아서 가산세까지 무는 상황을 예방할 수 있습니다. 그러면 사업자는 어떤 종류로 내야 할까요?

모든 걸 혼자 할 때는 면세사업자로

아프리카TV, 트위치, 네이버TV, 유튜브 등 1인 미디어 창작자들을 위한 다양한 플랫폼이 있습니다. 이곳에 영상콘텐츠를 올려서 플랫폼 운영사로부터 광고수익을 배분받거나 후원금을 받아 수익을 내고 있습니다. 또한 특정 기업의 제품 홍보영상을 제작해서 올리거나 강의, 행사 등을 통해서 수입이 생기기도 합니다. 이런 수입들을 신고하기 위해서는 사업자등록을 하고 시작해야 합니다. 사업자등록을 할 때는 과세사업자로 할지 면세사업자로 할지를 정해야 합니다. 1인 미디어로 활동하는 경우 시나리오 작성자나 영상 편집자를 고용하지 않고 별도의 방송용 스튜디오 없이 집에서 한다면 면세사업자로 사업자등록을 하면 됩니다. 혼자 하는 게 아니라 규모가 있게 스튜디오도 있고 작가나 전문 편집자를 고용해서 한다면 부가가치세신고를 해야 하는 과세사업자로 사업자등록을 해야 합니다.

> 1인 미디어 콘텐츠 창작자 : 업종코드 940306 면세사업자
> 미디어 콘텐츠 창작업 : 업종코드 921505 과세사업자

과세사업자로 등록을 하면 부가가치세신고를 해야 하고, 면세사업자로 등록을 하면 부가세신고는 하지 않아도 되나 매년 2월에 사업장현황신고를 해야 합니다.

소득세신고는 과세사업자나 면세사업자 둘 다 매년 신고를 합니다.

> 〈세금신고〉
> 과세사업자 : 부가가치세신고 (1월, 7월) / 종합소득세신고 (5월)
> 면세사업자 : 사업장현황신고 (2월) / 종합소득세신고 (5월)

직원을 고용하면 인적설비를 갖춘 거로 보아 무조건 과세사업자로 해야 하는 건 아닙니다. 주된 업무와 관련 없는 보조 인력을 고용하는 경우에는 1인 미디어 콘텐츠 창작자로 해서 면세사업자가 가능합니다.

예를 들어 유튜브 콘텐츠 제작을 위해 청소도우미를 쓴다거나 출력 및 복사 등의 사무업무를 하는 단순한 업무보조자는 인적 설비로 보지 않습니다. 또한 집에서 촬영 장비와 컴퓨터를 가지고 동영상을 제작·편집하는 정도라면 물적 시설을 갖춘 것으로 보지 않습니다. 별도의 상설 스튜디오를 갖추고 방송용 장비로 제작 편집하여 송출하는 경우에 물적 시설을 가지고 있다고 봅니다.

> 재정경제부 부가가치세과 - 472, 2007.06.20
> 독립적인 용역 제공자가 업무보조원을 고용한 경우 주된 용역 업무에 직접적으로 관련 있는 용역 제공 또는 주된 용역 제공에 필수적으로 부수되는 업무보조는 과세되는 것이나, 업무보조원이 수행하는 업무가 주된 용역 제공에 필수적으로 부수되는 업무에 해당하지 않는 경우에는 면세되는 것입니다. 이 경우 주된 용역에 필수적인지 여부는 사실판단할 사항임.

해외 플랫폼의 광고수입은 부가세가 없어

부가가치세 측면에서 보면 국내 미디어 플랫폼에 동영상을 올릴 때는 국내 사업자인 네이버나 카카오 등에서 광고수익을 배분받습니다. 이때 면세사업자가 아닌 과세사업자는 부가가치세 10%를 납부해야 합니다. 이에 반해 유튜브와 같은 해외 플랫폼 회사를 통해 수익이 발생하는 과세사업자들은 외화로 송금을 받기에 영세율 적용이 됩니다. 영세율이란 부가가치세를 '0'의 세율로 부과하는 것으로 수출이나 외화를 획득하는 사업의 경우 부가가치세를 면제해 주는 제도입니다. 일반과세자로 사업자등록을 한 경우에는 영세율적용으로 부가가치세를 낼 금액이 없습니다. 그러나 해외 유튜브와 국내 아프리카TV를 동시에 운영하는 경우라면 국내 플랫폼 매출은 부가가치세를 계산해서 작성하고 해외 플랫폼 매출은 영세율이 적용되어 '0'의 세율로 신고합니다. 면세사업자로 신청한 1인 유튜버는 해외 플랫폼을 이용하더라도 부가가치세 납부가 처음부터 없습니다.

06

유튜버 후원금은
세금을 낼까?

⋮

Q 종교 관련 방송 채널을 운영하고 있는데 후원금을 모집해서 받은 수익에 대해 부가세를 납부해야 할지 증여세를 내야 할지요?

A 방송 채널을 운영하면서 받은 후원금은 명목 여부보다 실질에 따라서 내야 할 세금 종류가 달라질 수 있습니다.

사례 1

저희는 유튜브에서 종교 관련 방송 채널을 운영하는 개인사업자입니다. 종교 관련이다 보니 채널에 대한 수익사업을 목적으로 하지 않고 종교인들의 후원금과 개인 돈을 지출해서 채널을 운영하고 있습니다. 후원금의 액수도 일정하지 않고 채널 구독에 대한 권한도 신청만 하면 채널을 구독할 수 있습니다. 이런 경우에 후원금을 채널의 수익으로 잡고 부가가치세를 내야 하는지요?

사례 2

안녕하세요. 비영리방송 채널을 운영하고 있는 개인사업자인데 후원금으로 200만 원을 받았습니다. 대신 방송 채널을 나올 때 하단에 배너 광고한다는 조건으로 받았습니다. 후원금을 지급한 A회사는 세금계산서를 발행해 달라고 하는데 후원금인데 세금계산서를 해줘야 하는 건지 궁금합니다. 그 회사에서는 이걸 광고선전비로 처리해야 할지 접대비로 해야 하는지도 문의해 왔습니다.

사례1과 사례2의 답변을 본문에서 설명하겠습니다.

사업성이 없다면 증여세 신고를

유튜브나 인터넷 미디어 플랫폼에서 후원금을 받거나 정기구독료를 받는 경우가 많습니다. 점차 인터넷 미디어의 영향력이 커지고 홍보 효과도 높다 보니 구독자가 후원금이나 홍보목적의 돈을 지급하고 있습니다. 후원금이면 통상 기부금이라고 생각하게 되는데 국세청에서는 표현이 후원금이더라도 돈의 성격에 따라 구분하고 있습니다. 유튜브에서 정치를 주로 다루는 정치 유튜버들은 계좌후원이나 PPL을 통한 협찬으로 채널을 운영하고 있습니다. 유튜브에서 운영하는 개방된 채팅창인 슈퍼챗에서 지급된 금액은 집계할 수 있지만, 계좌로 송금하는 후원금을 파악하기 어렵습니다. 우선 유튜버가 법적인 기부금으로 인정받으려면 기부금품모집법 규정에 따라 국가에 기부금 모집 등록을 해야 합니다. 하지만 기부금 등록은 공익사업이나 자선사업 등 법에 정한 사업에 대해서만 등록할 수 있어서 사실상 개인 유튜버들은 어렵습니다. 따라서 유튜버가 받는 후원금은 단순 증여로 되기 쉽습니다. 상속세 및 증여세법에서는 타인에게 무상으로 재산이나 이익을 이전하면 증여로 보아 증여세를 내도록 하고 있습니다. 다만, 유튜버 후원금이 50만 원 미만이면 증여세를 매기지 않습니다. 각 후원자가 보내는 금액을 기준으로 50만 원이 넘게 되면 후원금을 받은 유튜버는 증여세를 내야 합니다.

그러나 증여세는 받는 사람이 신고해야 하기에 돈이 오가는 단계에서 신고를 안하더라도 세무서는 파악할 수 없습니다. 그래서 유명한 고소득 유튜버일 경우 세무서에서 동영상 화면에 있는 계좌번호를 조사하거나 유튜버의 개인 계좌와 가족 계좌를 조회해서 추징하는 사례가 종종 있습니다.

사업성이 있다면 부가세, 소득세를 내야

사업과 무관하게 받은 후원금은 단순 증여로 보아 부가가치세나 소득세를 내지 않습니다. 그러나 대부분의 후원금은 자발적 구독료나 광고 대가인 협찬금이기에 사업소득으로 보고 있습니다. 위의 사례 1)을 보면 종교 관련 방송 채널을 운영하면서 모금한 후원금이 광고 또는 시청에 따른 실질적인 대가관계가 아니라면 증여로 보고 부가가치세를 과세하지 않습니다. 시청과 관련 없이 무상으로 후원금을 받은 것이기에 증여세만 부과합니다. 그러나 자발적 구독료처럼 방송을 보는 시청자가 즐거움과 만족을 느껴서 지불하는 대가는 사업에서 발생한 소득으로 보고 있습니다. 따라서 과세사업에 해당한다면 세금계산서, 현금영수증 등을 발행해서 부가가치세를 신고납부해야 합니다.

홍보목적의 후원금은 사업소득으로

사례 2)에서는 홍보를 목적으로 후원금을 지급하는 것이기 때문에 명목과 상관없이 세금계산서를 발행하고 부가가치세신고와 사업소득세

신고를 해야 합니다. 여기서는 방송을 하는 주체가 비영리단체 여부와 상관없이 세금을 신고납부해야 합니다.

배너광고 의뢰로 200만 원의 대가를 지급한 A회사는 단순히 홍보를 해 달라고 후원금을 준 거면 광고선전비로 처리할 수 있습니다. 그러나 채널 운영자와 특수관계자여서 비영리방송 채널에만 특별히 후원금을 주었다면 기업업무추진비(접대비)가 될 수 있습니다.

결론적으로 유튜브를 상업적으로 계속할 경우에는 사업자등록을 하고 세금신고를 하는 게 좋습니다. 후원금 등의 명목으로 세금을 피해 가려고 하다 보면 나중에 더 큰 세금 문제로 골머리를 앓을 수 있습니다.

여기서 잠깐! 순수 공익 목적의 후원금을 받는다면 비과세에 해당합니다. 예를 들어 선교 또는 봉사 목적으로 유튜브를 통해 후원 받고 금액 전부를 공익 활동에 지출하였을 경우입니다.

07

구매확인서란 무엇인가요?

Q 종이박스를 해외에 판매하려고 하는데 매입처에 부가가치세까지 지급하려고 하니 자금 사정이 어렵네요. 수출하면 어차피 영세율적용을 받는데 대금 지급을 할 때 꼭 부가가치세를 줘야 하나요?

A 수출하는 회사들은 영세율적용으로 매입세액에 대해 환급을 받습니다. 그런데 물건을 구입할 때는 부가가치세를 상대방에게 지급한 후에 환급을 받다 보니 자금에 어려움이 생깁니다. 이를 해결하기 위해 구매확인서제도를 두고 있습니다.

회사를 그만두고 창업을 한 이세상 씨는 다니던 회사에서 취급하던 종이 포장지를 수출할 생각을 하였습니다. 해외 바이어와 통화로 견본품을 보냈더니 반응이 좋아서 정식 구입을 하겠다고 메일이 왔습니다. 그런데 한 가지 고민이 생겼습니다. 바이어가 요구하는 물량이 1억 원가량 되다 보니 상품 구입뿐 만 아니라 해외 운송비와 보험료 등 들어가야 할 돈이 많아졌습니다. 종이 포장지를 공급하는 회사는 어음거래를 안 한다 하고, 구입금액에 10%인 부가가치세까지 별도로 지급해야 했습니다. 인터넷을 뒤적이다 보니 수출하는 재화의 경우에는 구매확인서를 발급하면 종이 포장지를 구입할 때 부가가치세 없이 영세율을 적용해 준다는 것을 보게 되었습니다.

구매확인서를 통해 영세율로 거래하기

수출하는 물품을 구입할 때 내국신용장이나 구매확인서를 발급하면 국내 사업자끼리도 부가가치세 없이 영세율로 세금계산서를 주고받을 수 있습니다. 이렇게 하는 이유는 수출하는 회사는 어차피 영세율이 적용되어 매출세액이 없으므로 원자재 등을 국내에서 구입할 때 부가가치세를 주고받지 않는 게 더 수월할 수 있기 때문입니다. 이때 수출할 재화인지 아닌지를 확인하는 절차가 필요한데 이때 사용되는 것이 구매확인서입니다. 구매확인서란 내국신용장에 의하지 않고 국내에서 외화

획득용 원료 또는 물품을 공급하는 경우에 내국신용장에 준하여 발급하는 증서입니다. 다만 외국환은행이 납부대금의 지급을 보증하지 않는다는 점에서 내국신용장과 차이가 있습니다.

구매확인서는 수출하는 자가 신청

구매확인서는 수출하는 자가 먼저 신청을 해서 발급받습니다. 발행 시 수출신용장이나 수출계약서, 외화매입증명서, 기타 수출관련계약서를 증빙으로 준비해야 합니다. 발급받은 구매확인서를 원자재 등을 공급하는 거래처에 주고 매입세금계산서를 영세율로 발행받습니다. 공급하는 회사의 입장에서는 매출세금계산서를 영세율로 발행하게 됩니다. 이렇게 하면 공급하는 회사는 매출 부가가치세를 받지 않아도 되고 매입하는 회사는 매입 부가가치세를 주지 않아도 되므로 자금 부담을 덜게 됩니다. 요즘은 수출하는 회사에서 구매확인서를 많이 이용하고 있습니다.

구매확인서 신청은 'U TRADE HUB'이라는 국가에서 운영하는 인터

넷 사이트에서 발급 신청을 합니다. 회원가입하고 공동인증서와 증빙 서류를 첨부해서 신청합니다. 구매확인서는 원칙적으로 재화를 인도하기 전에 발급하여야 하지만 상·하반기 과세기간이 끝난 후 25일까지 발급할 수 있습니다. 그날이 공휴일 또는 토요일이면 그다음 영업일까지입니다. 예를 들어 6월 20일에 원자재를 구입하였다면 7월 25일까지 구매확인서를 발급한다면 거래처와 영세율로 거래할 수 있습니다. 다만 절차상 번거로운 과정이 있어서 가급적 전자세금계산서를 발급하거나 받아야 하는 다음 달 10일 전까지 구매확인서를 거래처에 발급해 주는 게 좋습니다.

08

해외구매대행 vs 무재고 위탁판매 매출금액은?

⋮

 재고 부담 없이 할 수 있는 사업을 알아보다 해외구매대행과 무재고 위탁판매를 알게 되었습니다. 두 사업의 차이점이 무엇인지요?

 요즘 많이들 창업하는 두 가지 분야입니다. 재고 부담 없이 할 수 있는 사업이라 창업하기 수월하지만 두 가지에는 차이점이 있습니다.

나홀로 씨는 창업아이템을 찾는 중에 해외물건을 소개하고 대행 수수료를 받는 해외구매대행 사업을 알아보았습니다. 미국의 대표적인 유통 플랫폼인 아마존 사이트에서 국내소비자들이 좋아할 만한 아이템 중 블루투스 스피커를 찾았습니다. 국내 네이버 스토어와 쿠팡, 11번가 등 오픈마켓에 상품을 올린 후 주문이 들어오면 해외 사이트에서 신용카드로 구매한 후 국내 주문자에게 직접 배송되도록 하였습니다. 아이템을 조금씩 넓혀 가면 1인 창업으로 괜찮다는 생각이 들었습니다. 그러던 중 무재고 위탁판매라는 말을 듣게 되었는데 이것은 어떤 형태의 사업인지 궁금해졌습니다.

해외구매대행

2010년도 초반에 인터넷으로 해외 사이트에서 상품 구매를 대행해 주는 사업이 퍼졌습니다. 한 번은 사무실로 30대 젊은 남자분이 찾아왔습니다. 부가가치세신고를 해야 하는데 해외구매대행사업이라면서 매출을 구매대행 수수료만 신고하겠다고 했습니다. 국내 오픈마켓인 옥션, 11번가, 지마켓 등에 해외 상품을 올린 후 주문이 들어오면 해외 사이트에서 주문해 구매자에게 직접 배송되도록 하고 대행 수수료를 취하는 형식이라고 했습니다. 오픈마켓의 판매금액은 모두 매출 신고를 해야 한다고 말씀드렸더니 사장님은 이런 방식의 사업 때문에 서울 국세청 조사과에서 조사까지 받았다고 했습니다. 그 금액이 신고한 금액보다 20억 원이 적다는 매출누락혐의였다고 했습니다. 추징세금도 5억이 넘는다는 얘기가 나오다 보니 이것은 단순히 구매를 중개해 주는 대행 사업방식이라는 것을 입증하기 위해 1톤 트럭 한가득 서류를 작성해서 제출했다고 했습니다. 그때 담당 조사관들도 어리둥절했는데 사장님의 설명을 듣고는 구매대행이 맞다고 추징세금을 취소하였다고 했습니다. 그 당시 이런 방식의 사업 형태가 많이 알려지지 않다 보니 오픈마켓에서 발생한 거래금액을 매출로 보고 사업자에게 거액의 세금을 고지하는 일들이 많았습니다. 사업자들은 억울하다고 이의신청도 하면서 해명자료를 제출하였습니다. 세무서에서도 익숙지 않은 사업방식이라 구매대행 수수료를 매출로 인정하기가 어려웠습니다. 그러다 해외구매대행이 널리 알려지기 시작하면서 구매대행 수수료 수입에 대해서 매출로 인식하고 부가가치세신고를 하도록 현재는 정리가 되었습니다. 해외구매대행으로 인정받기 위해서는 고객에게 단순히 물품의 구매대행 용역을 제공하고 물품 대금과 대행 수수료를 구분하여 받는 경우 당해 사업자의 부가가치세 매출 과세표준을 대행 수수료로 할 수 있습니다.

실무적으로 대행 수수료를 홈페이지에 기재해서 별도로 받기는 어렵습니다. 이때는 판매 사이트 상세 설명란에 판매금액에서 관련 부대비용 외에 대행 수수료가 있다는 것을 표기하여야 하고 부가가치세신고할 때 대행 수수료를 구분할 수 있도록 엑셀 등을 이용하여 표를 만들어 두어야 합니다. 이런 준비가 없다면 세무서에서는 쿠팡이나 네이버 스토어 등의 오픈마켓에서 고객이 결제한 판매대금을 매출로 보고 세금을 고지하겠다면서 해명자료를 요청할 수 있으니 주의하여야 합니다. 또한 사업자등록을 신청할 때 해외구매대행에 해당하는 코드인 해외직구 대행업(525105)을 주 사업으로 해야 합니다.

무재고위탁판매업

이에 반해서 무재고 위탁판매업이 있습니다. 무재고 위탁판매, 온라인 위탁판매, 무재고 배송대행, 무재고 쇼핑몰 등 다양한 용어로 사용되지만 사업방식은 B2B 사이트에서 제공되는 상세페이지와 가격을 토대로 오픈마켓에 상품을 등록해서 중간이윤을 붙여 판매 하는 시스템입니다. 일반적으로 판매자는 고객으로부터 주문이 들어오면 주문내역을 그대로 B2B 사이트에 발주를 넣고 공급사가 포장해서 소비자에게 발송하고 있습니다. 판매자는 주로 '도매매' 같은 B2B 사이트에서 상품을 찾아 자신의 홈페이지나 오픈마켓에 올려서 판매합니다. 고객으로부터 주문이 들어오면 판매자는 B2B 사이트에 바로 주문을 넣을 수 있어서 직접 재고를 보유하지 않게 됩니다. 이렇게 상품을 고객에게 연결해 주는 사업이 무재고 위탁판매업입니다.

매출내역은 국내 네이버 스토어, 11번가, 쿠팡, 지마켓 등에서 고객이 결제한 금액으로 쇼핑몰의 정산 명세서에 나와 있습니다. 신용카드, 현금영수증, 현금, 기타 결제 금액으로 분리해서 매출 과세표준금액으로 신고를 하고 매입은 매입처 사이트에서 받은 세금계산서나 신용카드매입금액을 반영하면 됩니다.

따라서 해외구매대행은 상품을 중개해 주고 수수료 수입을 얻는 구조라면 무재고 위탁판매업은 판매할 상품을 직접 홍보하면서 판매된 금액에 일정 중간이윤을 갖는 구조입니다.

예를 들어 해외구매대행은 판매가 3만 원, 상품가 2만 원, 배송비 5천 원, 수수료 수입 5천 원일 경우 매출액은 5천 원이 됩니다. 반면 위탁판매업은 판매가 3만 원, 상품가 2만 원, 배송비 3천 원이라면 매출액은 3만 원입니다. 따라서 해외구매대행은 수수료 수입을 매출로 신고하고 무재고 위탁판매업은 총판매된 매출금액으로 신고를 하고 있습니다. 여기서 차이점은 무엇일까요? 구매대행과 무재고 위탁판매업 둘 다 재고를 보유하고 있지는 않지만, 구매대행은 운영 과정에서 발생하는 불량, 반품, A/S 및 민사상 형사상의 모든 책임을 지는 게 아니라 단순히 구매를 대행하고 그 대가를 대행 수수료로 받는 거로 계약관계가 끝납니다. 반면 무재고 위탁판매업은 자기의 계산과 책임하에 판매를 하므로 운영에 따른 모든 책임을 지게 되고 판매금액에 따른 이익을 본인이 설정해서 가져가는 게 다른 점입니다. 그러나 현실은 두 가지 내용이 뒤섞여 운영되다보니 국세청에 해명자료를 준비할 때 어려움이 있습니다.

보통 1인 창업자분들이 해외상품은 구매대행 방식으로 하고 국내 상품은 무재고 위탁판매업 형식으로 하고 있습니다.

09

온라인 판매할 때
통신판매업 신고증 받는 방법은?

Q 인터넷으로 물건을 팔아보려고 하는데 꼭 통신판매 신고를 해야 하는지요?

A 인터넷에서 전자상거래를 하기 위해서는 법에서 정한 통신판매 신고를 해야 합니다.

요즘은 온라인으로 물건을 팔아야 성공하는 시대가 되었습니다. 네이버스토어, 쿠팡, 11번가 등 각종 인터넷몰에 판매해야 합니다. 사업자 등록을 내고 온라인 쇼핑몰에 판매자 등록을 합니다. 또는 직접 운영하는 홈페이지를 만들었다면 판매대금을 결제 받기 위한 카드 결제, 소액 결제, 현금결제가 가능한 PG사 계약을 해야 합니다. 이 모든 절차를 마쳤다고 하더라도 꼭 해야 하는 것이 통신판매업 신고증을 발급받는 일입니다. 통신판매업 신고는 우리나라에서 인터넷으로 판매를 하기 위해서는 '전자상거래 등에서의 소비자보호에 관한 법률(전자상거래법)'에 따라 신고를 해야 합니다. 물건을 팔거나 서비스를 제공하는 사업을 한다면 반드시 통신판매업 신고를 하도록 하고 있습니다. 오프라인이 아닌 온라인상에서는 실제 판매자가 누구인지 알기 어려우므로 판매자는 허위 상품을 팔고자 하는 유혹을 가질 수 있습니다. 이런 위험을 방지하려는 조치로 소비자와 직접적인 상거래를 하는 업체를 인증하거나 관리하기 위해 신고 제도를 두었습니다. 다만 모든 사업자를 신고하도록 하면 영세한 판매업자에게 부담을 줄 수 있어서 직전년도 기준 거래횟수가 50회 미만 또는 부가가치세법상 간이과세자에 해당하는 경우에는 통신판매업 신고가 면제됩니다. 현행 간이과세자 기준이 연 매출액 1억 400만 원 미만이기 때문에 여기에 해당하는 판매사업자는 통신판매업 신고를 안 해도 제재는 없습니다.

〈통신판매업 신고 면제 기준에 대한 고시 제2조〉

제2조(통신판매업 신고 면제 기준) ① 다음 각 호의 하나에 해당하는 통신판매업자는 법 제12조 제1항에 따른 통신판매업 신고를 아니할 수 있다.
    1. 직전년도 동안 통신판매의 거래횟수가 50회 미만인 경우
    2. 「부가가치세법」 제2조 제4호의 간이과세자인 경우
② 청약 철회 등의 경우에는 제1항의 통신판매의 거래횟수에 산입하지 아니한다.

통신판매업 신고 면제 대상이 아닌 사업자는 반드시 신고해야 하는데 이를 어길 시에는 시정 권고를 받을 수 있습니다. 또한 위반행위가 크고 반복된다면 매출액을 초과하지 않는 범위 내에서 과징금이 부과되거나 100만 원에서 1,000만 원까지 과태료가 나올 수도 있습니다.

통신판매업을 신고하는 방법에는 해당 시·군·구청 민원실에 직접 방문해서 신청하거나 인터넷 사이트 '정부24'에서 온라인으로 신청할 수 있습니다.

여기서 구매안전서비스 이용확인증은 구매자와 판매자 간 불확실한 거래를 중계 단계에서 제3자가 보호하는 서비스를 제공한다는 확인 서

류입니다. 그래서 믿을 수 있는 은행이나 대형 오픈마켓, 전자결제 서비스를 제공하는 PG사들이 확인증을 발급해 주고 있습니다. 구매안전서비스(에스크로) 이용확인증을 발급받는 방법은 2가지가 있습니다.

  첫 번째는 거래 은행에 필요서류를 가지고 은행 지점을 방문해서 발급받을 수 있습니다. 사업을 준비하는 단계에서 사업용 통장을 개설할 때 구매안전서비스 이용확인증을 미리 만들어 두는 게 좋습니다.

  두 번째 방법은 인터넷으로 발급받는 방법입니다. 네이버 스마트 스토어, 쿠팡, G마켓, 위메프 등에 입점을 계획하고 있는 사업자라면 해당 사이트 자체에서 발급받을 수 있습니다. 그러나 별도의 쇼핑몰을 운영하거나 자체발급이 안 되는 오픈마켓 등에 입점한다면 전자결제 서비스를 제공하는 PG사와 계약을 하면서 에스크로 서비스를 함께 신청하면 바로 구매안전서비스 이용확인증을 받을 수 있습니다. 내가 판매하는 플랫폼에 따라 편리한 방법으로 발급받으면 됩니다.

  통신판매업 신고서에는 호스트 서버 소재지를 적도록 하고 있습니다. 카페24, 메이크샵, 가비아 등 국내 호스팅 업체를 이용하는 경우에는 각 호스팅 사의 노출된 주소를 작성하면 됩니다. 해외 서버 호스팅을 이용하는 경우에는 실제 주소지를 알기 어려울 수가 있습니다. 이때에는 한국사무소 주소를 적거나 해외 본사 주소로 대체해서 작성하실 수 있습니다. 신청을 하고 3일 정도에 신고증을 받으면 등록 면허세 40,500원을 냅니다. 등록 면허세는 1년마다 납부하고 있습니다.

책을 마무리하며

창업, 할 것인가 말 것인가?

사회에서 이런 말이 있습니다.

"학교 다닐 때 공부 못하던 애들이 사회생활 더 잘한다."

학교는 성적으로 줄을 세우고 평가하면서 아이들의 가치를 매깁니다. 공부 잘하는 아이가 제일 앞줄에 서고 못 하는 아이가 뒷줄에 섭니다. 부모는 경험상 공부 잘하는 게 유리하다는 걸 압니다. 지금은 많이 바뀌었지만, 왜 이런 말이 계속 나올까요? 사회는 학교랑 같으면서도 다르기 때문입니다. 공부를 잘하면 좋은 직장에서 월급 받으며 안정적인 생활을 시작합니다. 그와 반대로 공부에 흥미 없는 아이는 남들이 하지 않는 직장을 구하거나 장사를 합니다. 처음은 고되고 불안정해 보이지만 여러 종류의 인간을 겪으면서 경험이 쌓입니다. 사회 공부 실력이 쑥쑥 자랍니다. 10년, 20년 세월이 지나면 인생 성적은 학교 성적과 반대가 됩니다. 그렇다고 모두가 그렇지는 않습니다. 실패하는 사람, 좌절하는 사람, 인생의 나락으로 떨어지는 사람 등 수많은 종류의 인생사가 펼쳐집니다. 평탄한 길로 60살 인생을 살아갈 수 있다면 그 또한 하나의 선택지입니다.

하지만 직장을 다니다 창업을 결심한다면 두 가지 이유입니다. 하나는 직장에서 더 이상 있을 수 없는 상황에 몰렸거나 인생의 회의를 느껴 새로운 삶을 살고자 할 때입니다. 삶은 관성의 법칙이 있습니다. 살아가던 방식을 바꾸려 하지 않으려는 습성이 있지요. 그런데 다니던 회사를 그만둔다거나 창업을 한다는 건 관성을 거스르는 일입니다. 외부 자극일 수도 있고 내부의 자극일 수도 있습니다.

비유를 한번 해볼까요? 자전거를 처음 배우기는 어렵지만 타는 법을 익히면 관성이 생겨 계속 굴러갑니다. 오랜 시간이 지나서 관성을 바꾸려면 브레이크를 밟아야 합니다. 또는 핸들을 꺾어야 합니다. 이때 문제가 생깁니다. 삶에서 갑작스러운 실직이나 변화는 브레이크를 밟는 거와 같습니다. 계속 달리려는 관성을 벗어나기에 몸이 흔들립니다. 나아갈 방향을 순간 잃어버리곤 멍해집니다. 브레이크를 밟지 않고 핸들을 꺾으려다 보면 넘어지고 다칠 수 있습니다. 무릎이 깨지고 피가 납니다.

이제 선택해야 합니다. 자전거를 버리고 걸어갈 것인가? 자전거 핸들을 돌려 목적지를 바꿀 것인가? 다시 자전거를 타던 방향으로 갈 것인가?

창업은 이 중에서 자전거를 버리는 일입니다. 오래된 자전거를 버리고 새로운 길로 걸어가다 성공하면 자동차로 갈아타는 길이고, 그렇지 못하면 끊임없이 걷는 고행의 길입니다. 선택이 분명하기에 유혹도 많고 좌절도 많습니다. 하지만 생각해 보면 자전거를 계속 탄다면 또 언젠가는 급히 브레이크를 잡아야 할 때가 옵니다. 또 넘어지고 상처받고 깨집니다. 자전거에 손을 떼지 못하는 순간 나는 자전거의 노예가 됩니다. 자전거 없는 삶을 생각할 수가 없습니다.

하지만 인생에는 자전거 말고도 탈 수 있는 도구가 많습니다. 자동차, 오토바이, 킥보드, 롤러스케이트, 비행기…. 더 좋을 수도 있고 아닐 수도 있지만 선택은 내가 합니다. 마음속 노예를 버릴 수 있습니다.

아이는 자전거를 처음 배울 때 기억을 잊지 못합니다. 자라서 그 강렬한 기억을 버리기 어렵지만 언젠가는 자전거를 내려 둘 때가 옵니다. 창업은 자전거를 떠나는 순간 시작합니다. 자전거에 내려 느리지만 주변을 돌아보며 천천히 걷는 느림의 미학을 얻을 수도 있고, 끊임없이 도전하며 새로운 속도를 즐길 수도 있습니다.

가끔 나이 지긋한 사장님에게 물어봅니다.

"사업해보니까 어떠세요?"
"뭐 사업이 별건가, 고생은 참했지.
 내 얘깃거리 많은데 한번 들어 볼 텐가?"

인생에서 나만의 이야기를 만들어 보는 건 어떨까요?

창업은 처음이지?
초보사장의 세금 노하우

초판 발행 2022년 1월 12일
개정3판 발행 2024년 12월 11일

지은이 김정철
펴낸이 김정철
펴낸곳 서울창업신문
디자인 김준수 (이온디자인)

등록 제2021-000044호 (2021년 2월 23일)
주소 경기 고양시 일산동구 중앙로 1305-30, 219-2호
        (장항동, 삼성마이다스)
전화 050-2400-1000   **팩스** 0303-3447-5000
ISBN 979-11-973951-3-0

Copyright ⓒ 2024 by 김정철
All rights reserved.

※ 책값은 뒤표지에 있습니다. 잘못된 책은 바꿔드립니다.
※ 이 책은 저작권법에 의해 보호를 받는 저작물이므로 저자와 출판사의 허락 없이
   내용의 일부를 인용하거나 발췌하는 것을 금합니다.